Die gute Küche

Chinesisch Kochen

Die besten Originalrezepte

BUCH UND ZEIT
BZ

Buch und Zeit Verlagsgesellschaft mbH · Köln

Redaktion: Dagmar Fronius, Wina Neuser,
Annette Nolden-Thommen
Bildredaktion: Stefan Martin
Umschlaggestaltung und Layout: Inga Koch
Unter Verwendung von Bildmaterial von C. P. Fischer
Unter Verwendung von Bild- und Textmaterial von
Maggi Kochstudio
Printed in Germany
ISBN 3-8166-0318-1

INHALT

Die Rezeptmengen gelten jeweils für vier Personen, soweit nicht anders angegeben.

Die Nährwert- und Kalorienangaben sind jeweils für eine Person berechnet.

Scharf-saure Suppe

2 Mu-Err-Pilze,
4 getrocknete Morcheln,
2 getrocknete Lilienknospen,
100 g mageres Schweinefleisch,
100 g Bambussprossen,
2 Frühlingszwiebeln,
150 g Tofu,
1 EL Öl,
1 EL helle Sojasauce,
1 l gewürzte Hühnerbrühe,
1 EL Maisstärke,
3 EL Essig,
1 TL dunkle Sojasauce,
1 EL Sesamöl,
frisch gemahlener schwarzer Pfeffer,
2 Zweige frischer Koriander

Getrocknete Mu-Err-Pilze, Morcheln und Lilienknospen in heißem Wasser 30 Minuten einweichen. Pilze und Fleisch in Streifen, abgetropfte Bambussprossen in Stifte und geputzte Zwiebeln in Ringe schneiden. Lilienknospen in dünne Fäden zupfen. Tofu würfeln. Öl im Wok erhitzen und Fleisch darin 1 Minute anbraten. Helle Sojasauce, Pilze, Lilienknospen und Bambussprossen zufügen und noch 1 Minute braten. Erhitzte Brühe angießen.
Maisstärke mit Essig und dunkler Sojasauce verquirlen, in die Suppe rühren und aufkochen. Sesamöl und Tofuwürfel zufügen. Suppe mit Pfeffer abschmecken, mit Zwiebelringen und Korianderblättern bestreut sofort servieren.

EW	Fett	KH	kcal/J
12 g	23 g	13 g	196/820

Eierflaumsuppe

Suppenhuhn halbieren, mit Wasser bedeckt kochen. Wasser abgießen und beide Hälften kalt abspülen. Danach in 3 l Wasser wiederum zum Kochen bringen und 4 Stunden bei sanfter Hitze köcheln. Huhn herausnehmen und Brühe erkalten lassen. Hälfte des Fettes abschöpfen. 1 l Brühe abmessen, zum Kochen bringen. Mit Reiswein, Austernsauce, Glutamat und Salz würzen. Ei verquirlen. Maisstärke mit etwas kalter Brühe verquirlen, in die Suppe rühren und einige Minuten köcheln. Zwiebeln mit einem Teil des Lauchs in Ringe schneiden. Diese in Suppentassen geben, mit Pfeffer übermahlen. Suppe vom Herd nehmen, Ei einrühren, über Zwiebelringe gießen.

EW	Fett	KH	kcal/J
2 g	3 g	9 g	87/364

1 fettes Suppenhuhn von 1,5 kg,
3 EL Reiswein,
1 EL Austernsauce,
1 Msp. Glutamat,
Salz,
1 Ei,
2 EL Maisstärke,
3 Frühlingszwiebeln,
weißer Pfeffer aus der Mühle

TIP Abgeschöpftes Fett zum Braten verwenden.

Bohnensalat mit Schweineniere

(Abb. S. 7, oben)

1 Schweineniere,
300 g grüne Bohnen,
1 Chilischote,
1 EL Zucker,
2 EL Essig,
1 Prise schwarzer Pfeffer,
3 EL dunkle Sojasauce,
1 TL Senfpulver,
1 TL Sesamöl,
Salz

TIP Chinesische Salate zeichnen sich durch ihre Einfachheit aus, wobei die Frische der verwendeten Zutaten oberstes Gebot ist.

Schweineniere in zwei Hälften teilen, sorgfältig von Fett und Röhren befreien und in Wasser 4 Minuten blanchieren, dann für 5 Minuten in kaltes Wasser legen. Von den Bohnen Enden abschneiden und die Fäden abziehen, in 4 - 5 cm lange Stücke schneiden und in Salzwasser in etwa 10 Minuten nicht zu weich kochen. Eiskalt abschrecken, abtropfen und abkühlen lassen. Chilischote entkernen und in feine Streifen, Nierenhälften in dünne Scheiben schneiden. Bohnen, Nierenscheiben und die Schotenstreifen vermengen. Aus den übrigen Zutaten und 1 Prise Salz eine Sauce mischen und rühren, bis sich der Zucker aufgelöst hat. Den Salat damit anmachen.

EW	Fett	KH	kcal/J
9 g	4 g	10 g	107/448

Sprossensalat *(Abb. S. 7, unten)*

350 g Bohnensprossen,
1 Möhre,
2 Stengel Bleichsellerie,
50 g Glasnudeln,
5 EL Weißwein,
2 EL Reiswein,
2 TL Salz,
1 TL Zucker,
1 TL Sesamöl,
1 EL geschmacksneutrales Öl, 2 EL gehackte Petersilie

TIP Wer den Salat üppiger mag, reichert ihn mit Streifen von gekochtem Schinken oder, wenn er vegetarisch bleiben soll, mit 150 g gewürfeltem Tofu an.

Frische Sprossen in einem Sieb in kochendem Wasser 3 Minuten blanchieren, kalt abspülen und abtropfen lassen. Sprossen aus dem Glas nur abbrausen und abtropfen lassen.
Möhre schälen, von den Selleriestangen sorgfältig die Fäden abziehen. Gemüse waschen und in hauchzarte Streifen schneiden.
Nudeln in kaltem Wasser 5 Minuten einweichen, abgießen, in etwa 7 cm lange Stücke zerschneiden, mit kochendem Wasser überbrühen, 2 Minuten ziehen und gut abtropfen lassen.
Alle restlichen Zutaten zur Sauce verrühren und diese zusammen mit dem Gemüse unter die Nudeln heben. Den Salat zugedeckt durchziehen lassen.

EW	Fett	KH	kcal/J
4 g	6 g	7 g	122/512

Fischklößchensuppe

250 g Fischfilet wie Seelachs oder Goldbarsch,
4 Schalotten,
1 TL geriebene Ingwerwurzel,
5 EL Reiswein,
1 EL helle Sojasauce,
1 Eiweiß, 1 EL Maisstärke,
1 EL Schweineschmalz,
Zucker, Salz, weißer Pfeffer aus der Mühle, 1 Möhre,
50 g Bambussprossen,
1 Stück Salatgurke (7 cm),
100 g ausgelöste Garnelen,
1 l Hühnerbrühe,
1 EL Austernsauce,
1 Prise Knoblauchpulver,
2 Zweige Petersilie

TIP Feiner in der Konsistenz wird die Masse, wenn man das Fischfilet mit den Schalotten in der Küchenmaschine zerkleinert. Anstelle der Gurke können Sie Paprikastreifen verwenden, Petersilie durch Zitronenmelisse oder Schnittlauch ersetzen.

Das Fischfilet von Gräten befreien, kalt abspülen, trockentupfen und wie die abgeschälten Schalotten sehr fein hacken. Die Masse mit Ingwer, 2 EL Reiswein, Sojasauce, Eiweiß, Maisstärke und Schweineschmalz gut vermengen, mit je 1 Prise Zucker, Salz und Pfeffer abschmecken und für 30 Minuten in den Kühlschrank stellen.
Möhre schälen und Bambussprossen in feine Stifte schneiden. Gurkenstück schälen, halbieren, die Kerne mit einem Teelöffel herausschaben und Gurke ebenfalls in feine Stifte zerteilen. Bei den Garnelen jeweils die schwarzen Darmstränge am Rücken entfernen. Garnelen im Sieb kalt abspülen und gut abtropfen. Mit nassen Händen kleine Klößchen aus der Fischmasse formen und in einen Topf mit reichlich kaltem Wasser geben. Wasser zum Kochen bringen und die Klößchen herausnehmen, sobald sie an der Oberfläche schwimmen. Hühnerbrühe erhitzen und mit Austernsauce, Knoblauchpulver, Salz und frisch gemahlenem Pfeffer sowie dem restlichen Reiswein pikant abschmecken. Bambus- und Möhrenstreifen darin 2 Minuten kochen, dann Gurkenstifte, Garnelen und Fischbällchen hineingeben. Suppe mit Petersilie garniert servieren.

EW	Fett	KH	kcal/J
19 g	29 g	9 g	198/829

Garnelensuppe

3 getrocknete Tongku, eingeweicht,
1 Tasse Bambussprossen,
Öl zum Braten,
250 g Garnelen,
2 EL gehackter Lauch,
2 EL Erbsen,
Salz, Pfeffer, Glutamat,
3 EL Sherry,
3 EL helle Sojasauce,
6 Tassen Brühe

Tongku und Bambussprossen in Streifen schneiden.
Öl erhitzen, Garnelen kurz durchbraten.
Die restlichen Zutaten zugeben, mit Salz, Pfeffer, Glutamat, Sherry und Sojasauce würzen.
Die Brühe zugießen, aufkochen und, wenn nötig, abschäumen.

EW	Fett	KH	kcal/J
14 g	13 g	5 g	204/853

Chinesische Nudelsuppe

Fleisch in sehr dünne Streifen schneiden. Speisestärke mit Sojasauce und Sherry mischen, Fleischstreifen darin 10 Minuten marinieren. Nudeln 7 Minuten in lauwarmem Wasser einweichen. Zwiebeln putzen, waschen und in Ringe schneiden, mit dem marinierten Fleisch unter Wenden in Öl anbraten.
Abgetropfte Champignons und die Hühnerbrühe dazugeben. Die Suppe 2 Minuten kochen.
Die Nudeln abtropfen, etwas zuschneiden und in der Suppe erhitzen. Mit den Gewürzen und Sojasauce abschmecken.

EW	Fett	KH	kcal/J
6 g	25 g	8 g	115/479

100 g Schweinefilet,
1 TL Speisestärke,
2 TL Sojasauce,
1 TL trockener Sherry,
25 g Glasnudeln,
4 Frühlingszwiebeln,
1 EL Sesamöl,
100 g Champignons (Dose),
1/2 l heiße Hühnerbrühe,
Salz,
weißer Pfeffer,
gemahlener Ingwer

Feurige Nudelsuppe „chinesische Art“ (Titelbild)

150 g Hähnchenbrustfilet,
2 EL Sherry,
1 rote Paprikaschote,
1 Möhre,
1 EL Sesamöl,
1 Chilischote,
1 Würfel klare Suppe (Fertigprodukt),
3 Salatblätter,
100 g Fadennudeln,
1 Stück Ingwerwurzel,
1 TL Sojasauce,
1 EL Saucenbinder (Fertigprodukt)

Hähnchenbrustfilet in Streifen schneiden und mit Sherry marinieren. Paprikaschote waschen, von Kernen und weißen Innenhäuten befreien und in Streifen schneiden. Möhre schälen und in Stifte schneiden. Öl erhitzen, Fleisch und Gemüse darin anbraten. 3/4 l Wasser und Chilischote hinzufügen und alles zum Kochen bringen. Klare Suppe darin auflösen. Salatblätter waschen, in Streifen schneiden, mit den Nudeln zur Suppe geben und 3 Minuten kochen. Ingwerwurzel schälen, fein reiben und mit Sojasauce zur Suppe geben. Mit Saucenbinder andicken.

EW	Fett	KH	kcal/J
13 g	5 g	8 g	208/869

Gedämpfte Teigtaschen

Für den Teig:
300 g Mehl,
1 Ei,
1 Prise Salz,
1 EL Stärkemehl
Für die Füllung:
300 g Schweinemett,
100 g gehackte Krabben,
1/2 Tasse fein gehackte Bambussprossen,
2 EL fein gehackter Lauch,
1 EL helle Sojasauce,
1/2 TL Salz, Pfeffer, Glutamat, 1 EL Stärke, einige Tropfen Sesamöl,
1 kleines Ei

Zuerst wird der Teig hergestellt. Aus den Zutaten und 100 g gekochtem Wasser einen festen Teig rühren und durchkneten, ca. 30 Minuten mit feuchtem Tuch zugedeckt stehenlassen. Dünn ausrollen und in runde Stücke mit 10 - 12 cm Durchmesser schneiden.
Zutaten für die Füllung gut mischen.
Auf jede Teigfläche ca. 1 EL Füllung geben, zu Beutelchen formen.
Die Taschen in eine Schüssel legen und ca. 20 Minuten dämpfen.
Mit scharf-saurer Sauce servieren.

EW	Fett	KH	kcal/J
29 g	25 g	58 g	590/2467

Jao Tse

(Dampfgebackene Teigsäckchen)

150 g Mehl,
3 - 4 schwarze chinesische Pilze,
50 g Bambussprossen,
100 g Garnelen,
150 g Schweinehackfleisch,
2 TL Speisestärke,
1 EL Reiswein,
1 EL helle Sojasauce,
1/2 TL Zucker, Salz,
Mehl zum Ausrollen,
1 kleines Ei,
etwa 8 EL Öl,
1 Stück Ingwerwurzel (2 cm),
2 Knoblauchzehen,
8 EL dunkle Sojasauce,
1 EL Austernsauce,
6 EL Weißweinessig,
1 TL Sesamöl,
1/2 EL Zucker,
1 Spritzer Chiliöl

Mehl mit 1/8 l Eiswasser zu einem geschmeidigen Teig kneten, zu einer Kugel formen und mit einem Tuch bedeckt oder unter einer umgestülpten Schüssel 30 Minuten ruhen lassen. Getrocknete Pilze in warmem Wasser etwa 30 Minuten quellen lassen, leicht auspressen. Stiele entfernen und Hüte kleinschneiden. Abgetropfte Bambussprossen grob hacken. Schwarze Darmstränge der Garnelen entfernen. Garnelen kurz kalt abbrausen, trockentupfen und grob zerkleinern. Mit Bambussprossen, Hackfleisch und Pilzen mischen. Speisestärke mit Reiswein, Sojasauce, Zucker und 1 Prise Salz verrühren und unter diese Mischung arbeiten.
Im Tiefkühlfach des Kühlschranks ruhen lassen, bis der Teig ausgerollt wird. Diesen dazu nochmals kräftig durchkneten und zu einer Rolle formen. Teigrolle in 20 gleich dicke Scheiben schneiden und auf der bemehlten Arbeitsfläche zu dünnen runden Fladen ausrollen oder Teigportionen durch die Nudelmaschine drehen. Je 1 EL Farce in die Mitte geben, Teigränder mit verquirltem Ei bestreichen und Fladen zu Säckchen zusammendrehen.
Öl in einer tiefen Deckelpfanne erhitzen. Teigsäckchen mit etwas Abstand zueinander hineinsetzen; sie sollten dabei halbhoch vom Öl umgeben sein. Jao Tse goldbraun braten, dann blitzschnell 1/8 l Wasser angießen und den Deckel sofort auf die Pfanne legen. Teigsäckchen so lange bei milder bis mittlerer Hitze im Dampf garen, bis das Wasser verdampft ist: das dauert maximal 10 Minuten. Dabei darauf achten, daß die Kruste der Teigtäschchen nicht zu dunkelbraun wird.
Für die Sauce den Ingwer und Knoblauch schälen, sehr fein würfeln und mit Soja- und Austernsauce, Essig, Sesamöl, Zucker und Chiliöl verrühren.
Die Sauce in Portionsschälchen servieren.

EW	Fett	KH	kcal/J
19 g	45 g	36 g	606/2535

TIPS Eine spezielle Art des Garens ist das Braten und Dämpfen in derselben Pfanne, auch dampfbacken genannt. Vorsicht beim Hinzugießen des Wassers! Durch den aufsteigenden Dampf kann man sich leicht verbrennen.

Bereiten Sie gleich die doppelte Teigmenge zu und frieren Sie die Hälfte der noch nicht gefüllten Scheiben als Vorrat ein.

Chinesischer Eintopf

300 g Hähnchenbrustfilets,
5 EL helle Sojasauce,
4 schwarze chinesische Pilze,
1 Stück Ingwerwurzel (5 cm),
1 Knoblauchzehe,
1 Stück unbehandelte Mandarinenschale,
3 Paprikaschoten (rot, gelb und grün),
400 g Chinakohl,
Salz,
2 EL Essig,
2 EL Zucker,
2 EL Tomatenketchup,
100 ml Hühnerbrühe,
3 Scheiben durchwachsener Speck (100 g),

Hähnchenbrustfilets kalt abbrausen, trockentupfen und schräg in mundgerechte Stücke schneiden. 2 EL Sojasauce untermengen und Fleisch zugedeckt marinieren. Pilze in warmem Wasser 30 Minuten einweichen. Ingwer schälen und der Länge nach in hauchfeine Scheiben schneiden. Knoblauch schälen und fein würfeln. Mandarinenschale in heißes Wasser legen. Paprikaschoten halbieren, von Stengelansätzen, Kernen, Trennwänden befreien, waschen und abgetrocknet in gleich große Dreiecke schneiden. Chinakohl in Blätter teilen, diese waschen, trockenschwenken, der Länge nach halbieren und in 3 cm breite Streifen schneiden. In kochendem Salzwasser 1 Minute lang blanchieren, abschrecken und abtropfen lassen. Essig mit übriger Sojasauce, 1/2 TL Salz, Zucker, Tomatenketchup und Hühnerbrühe vermengen. Die Sauce zum Kochen bringen, gleich wieder vom Herd nehmen und den

Ingwer samt abgetropfter Mandarinenschale zufügen. Sauce abkühlen lassen. Die Speckscheiben von der Schwarte befreien und in feine Streifen zerschneiden. Pilze ausdrücken, die Stiele entfernen und die Hüte je nach Größe halbieren oder vierteln. Fleischstücke erst in dem leicht verquirlten Eiweiß, danach in 1 EL Maisstärke wälzen.
Öl in der Friteuse auf 175 Grad erhitzen und Fleischstücke darin portionsweise 3 Minuten fritieren. Auf Haushaltspapier abfetten lassen.
Im Wok oder in einer großen, tiefen Pfanne 1 EL Öl heiß werden lassen. Speckstreifen unter Wenden darin glasig braten, Knoblauch zufügen und 1 Minute unter Rühren mitbraten. Ingwer aus der Sauce nehmen und mit den Paprikaschotenstücken, den Pilzen und dem Chinakohl zum Speck geben. Das Gemüse unter Rühren 2 Minuten braten. Fleisch zufügen. Sauce darübergießen, die Mandarinenschale vorher entfernen. Übrige Maisstärke kalt anrühren und in die Pfanne gießen. Bei starker Hitze alles kurz durchbraten und das Sesamöl darüberträufeln.

EW	Fett	KH	kcal/J
24 g	43 g	19 g	558/2333

1 Eiweiß,
2 EL Maisstärke,
1 l Öl zum Fritieren und Braten,
1 Spritzer Sesamöl

TIP Lassen Sie sich bei diesem Gericht stets vom saisonalen Gemüseangebot zu Variationen inspirieren. Neben Ihrem persönlichen Geschmack sollte ein farblich reizvolles Arrangement nicht zu kurz kommen.

Garnelen auf Toast

Garnelen oder Krabben fein hacken oder durchdrehen, mit Schweinemett, Eiweiß, Salz, Pfeffer, Stärke, Wein, Ingwer, Sojasauce gut mischen.
Vom Toastbrot die Kruste abschneiden, vierteln. Man nimmt ca. 1/2 EL Krabbenmischung und legt sie auf jedes Toastbrotscheibchen. Mit dem Messer glatt streichen, mit gehacktem Schinken bestreuen. Öl bei mittlerer Temperatur erhitzen, die einzelnen Toastbrotscheibchen hineingleiten lassen, mit Garnelenmischung nach unten legen. Auf jeder Seite ca. 1 Minute fritieren, bis sie knusprig und schön goldgelb sind.

EW	Fett	KH	kcal/J
23 g	38 g	44 g	614/2571

200 g rohe Garnelen oder Krabben,
100 g Schweinemett,
1 Eiweiß,
1/2 TL Salz,
Pfeffer,
1 EL Mondamin,
1 EL Sherry oder Reiswein,
1/4 TL Ingwerpulver,
1 EL helle Sojasoße,
7 Scheiben Toastbrot,
1 EL gehackter Schinken,
Öl zum Fritieren

Nudeln mit Hackfleisch

300 g chinesische Eiernudeln,
5 eingeweichte Morcheln,
1 Frühlingszwiebel,
1 Zwiebel,
200 g Spinat oder chinesisches Gemüse,
3 EL Öl,
2 gepreßte Knoblauchzehen,
250 g Schweinehackfleisch,
2 EL geröstete Zwiebeln
Gewürze für das Fleisch:
125 ml Brühe,
4 EL dunkle Sojasauce,
1/2 TL Zucker,
Salz, Pfeffer, Glutamat
Für die Brühe:
1,5 l Brühe,
4 EL helle Sojasauce,
1 EL dunkle Sojasauce,
einige Tropfen Sesamöl,
2 EL Reiswein,
Salz, Pfeffer, Glutamat

Nudeln in heißem Wasser ca. 15 Minuten einweichen, dann abtropfen lassen. Morcheln hacken, Frühlingszwiebel in Ringe schneiden, Zwiebel halbieren und in Scheiben schneiden, Spinat putzen, waschen und abtropfen lassen. Im Wok Öl erhitzen, Knoblauch und Zwiebel darin anbraten, bis sie duften, Schweinehackfleisch zugeben, ständig rühren, damit das Fleisch in Krümel zerfällt. Wenn das Fleisch durchgebraten ist, Gewürze und Frühlingszwiebeln zugeben, kurz unter Rühren braten, ca. 30 Minuten zugedeckt bei kleiner Hitze köcheln lassen. In einem Topf Wasser erhitzen, Nudeln ins kochende Wasser geben. Sobald das Wasser wieder aufkocht, vom Herd nehmen, abgießen. Für die Brühe Saucenzutaten, Sesamöl und Reiswein zum Kochen bringen, mit Salz und Pfeffer oder Glutamat abschmecken, auf dem Herd stehen lassen, damit die Sauce heiß bleibt.
Spinat in kleinem Topf kurz kochen, abtropfen lassen. Nudeln und Spinat auf Porzellanschälchen verteilen. Schweinehack und geröstete Zwiebel darauf anrichten, mit kochender Brühe übergießen, sofort servieren.

EW	Fett	KH	kcal/J
25 g	34 g	61 g	669/2799

Gebratene Glasnudeln

100 g Glasnudeln,
3 EL Öl,
1 gepreßte Knoblauchzehe,
100 g Schweinehackfleisch,
2 TL Chilisoße oder Tabasco,
1 Stange Lauch (gehackt)
Für die Sauce:
2 EL helle Sojasauce,
1 EL dunkle Sojasauce,
1/2 TL Salz, Pfeffer,
Glutamat, 1/2 TL Zucker,
2 EL Reiswein,
125 ml Wasser

Glasnudeln in kochendem Wasser einweichen, nach 10 Minuten abgießen, in ca. 10 cm lange Fäden schneiden. Öl im Wok erhitzen, Knoblauch darin braten, bis er duftet, Schweinehackfleisch zugeben, ständig unter Rühren durchbraten, mit Saucenzutaten begießen, ca. 10 Minuten bei schwacher Hitze dünsten. Kurz vor dem Servieren Glasnudeln, Chilisauce, Lauch zugeben. Weiter unter Rühren braten, gut vermischen, mit Salz, Pfeffer, Glutamat abschmecken und servieren.

EW	Fett	KH	kcal/J
7 g	19 g	24 g	296/1238

Gebratene Nudeln auf Singapur-Art (Abb. links)

Nudeln in Salzwasser bißfest kochen. Gemüse in Würfel schneiden. Sprossen kalt abspülen, abtropfen. Öl im Wok erhitzen. Die Sprossen darin anbraten, herausnehmen. Zwiebeln in 2 - 3 Minuten glasig braten. Abgetropfte Nudeln, die Hälfte der Tomaten sowie alle Saucen zugeben und unter ständigem Rühren 3 - 4 Minuten kochen. Verquirlte Eier darin stocken lassen. Gewürfelte Kartoffel mit Sprossen kurz anbraten.
Mit Tomaten und gehackter Chilischote bestreuen.

EW	Fett	KH	kcal/J
20 g	18 g	82 g	579/2421

400 g chinesische Eiernudeln, Salz, 2 rote Zwiebeln, 1 Bund Frühlingszwiebeln, 2 Tomaten, 200 g Bohnensprossen (Dose), 3 EL Sesamöl, 1 EL Tomatensauce (Fertigprodukt), 2 EL helle Sojasauce, 1 TL chinesische Chilisauce, 2 Eier, 1 große gekochte Kartoffel, 1 Chilischote

Pfannengerührte Nudeln aus China *(Abb. S. 15, rechts)*

200 g Reisnudeln,
100 g Möhren,
200 g Rinderfilet,
60 g gekochter Schinken,
Salz, weißer Pfeffer, Zucker,
1 EL Speisestärke,
5 EL Sesamöl,
80 g gekochte, ausgelöste Garnelen,
4 Eier,
4 EL Sojasauce,
60 g tiefgekühlte Erbsen,
200 g Bohnensprossen (Dose)

Nudeln für 1 Stunde in heißem Wasser einweichen. Möhren in Stifte, Filet und Schinken in Streifen schneiden. Filet mit je 1 Prise Salz, Pfeffer und Zucker sowie der Speisestärke, 2 EL Öl und 4 EL Wasser mischen und 10 Minuten marinieren. Mit Schinken, Garnelen und Möhren unter Rühren in etwas Öl anbraten und herausnehmen.
Restliches Öl erhitzen, die verquirlten Eier darin stocken lassen. Abgeschreckte Nudeln, Fleisch, Schinken und Möhren zufügen, mit Zucker, Salz und Sojasauce würzen.
Aufgetaute Erbsen und Bohnensprossen zuletzt darin braten.

EW	Fett	KH	kcal/J
26 g	30 g	50 g	593/2479

Gebratener Reis mit Curry

150 g Hühnerfleisch,
4 Eier,
1 TL Salz,
Pfeffer,
4 EL Öl zum Braten,
2 gepreßte Knoblauchzehen,
1 Zwiebel,
200 g Krabben,
3 TL Curry,
3 EL helle Sojasauce,
Glutamat,
500 g gekochter Reis (kalt)

Hühnerfleisch in dünne Streifen schneiden. Eier verquirlen, mit Salz und Pfeffer würzen. 1 EL Öl erhitzen, mehrere Omeletts backen, dann in dünne Streifen schneiden. 3 EL Öl erhitzen, Knoblauch und fein gehackte Zwiebel darin braten, bis sie duften. Krabben und Hühnerfleisch zugeben, rasch unter Rühren braten, dann Currypulver einrühren, kurz weiterbraten. Sojasauce, Salz, Pfeffer, Glutamat, Reis zugeben, bei Mittelhitze unter Rühren anbraten, ständig wenden und gründlich durchmischen.
Vor dem Servieren die Omelettstreifen darüber verteilen.

EW	Fett	KH	kcal/J
28 g	19 g	34 g	419/1753

Bami Goreng

(für 3 Personen)

Bandnudeln in leicht gesalzenem Wasser bißfest kochen, abgießen und abtropfen. 1 EL Öl im Wok oder in der Pfanne erhitzen, Hackfleisch darin anbraten. 1/4 l Wasser dazugießen. Fertigmischung einrühren, alles zum Kochen bringen, dabei gelegentlich umrühren. Sojabohnensprossen unterrühren und das Gericht mit Sojasauce abschmecken.
Den zweiten EL Öl erhitzen, Nudeln darin anbraten und abwechselnd mit Hackfleisch in eine feuerfeste Form schichten. Zugedeckt im Backofen bei 150 Grad 10 Minuten durchziehen lassen.

EW	Fett	KH	kcal/J
30 g	35 g	73 g	730/3054

250 g schmale Bandnudeln,
Salz,
2 EL Öl,
200 g Hackfleisch,
1 Beutel Fertigmischung für Bami Goreng,
250 g Sojabohnensprossen,
Sojasauce

Gebratener Reis mit Gemüse

Schweinefleisch in dünne Streifen, Frühlingszwiebel in ca. 2 cm lange Stücke, Schinken und Morcheln in Streifen schneiden. Peperoni in kleine Stückchen zerteilen. Sojabohnensprossen putzen, waschen und abtropfen.
4 EL Öl im Wok erhitzen, Knoblauch anbraten, bis er duftet.
Fleischstreifen und Schinken darin braten.
Bambussprossen, Morcheln, Champignons, Erbsen, Peperoni, Gewürze zugeben und alles kurz unter Rühren anbraten.
Dann Reis und Sojabohnensprossen zugeben.
Alles bei Mittelhitze gut durchmischen, ständig wenden, eventuell nachwürzen.

EW	Fett	KH	kcal/J
20 g	22 g	42 g	433/1813

200 g Schweinefleisch,
1 Frühlingszwiebel,
100 g gekochter Schinken,
4 eingeweichte Morcheln,
2 eingelegte Peperoni,
100 g Sojabohnensprossen,
Öl zum Braten,
1 gepreßte Knoblauchzehe,
1 Tasse Bambussprossen in Streifen,
1 Tasse Champignons in Scheiben, 4 EL Erbsen,
500 g gekochter Reis (kalt)
Gewürze: 1 TL Salz, Glutamat, Pfeffer,
3 EL helle Sojasauce,
1 EL dunkle Sojasauce,
2 EL Reiswein,
einige Tropfen Sesamöl

Gebratene Nudeln nach Hausfrauenart

300 g chinesische Eiernudeln,
200 g magerer Schweinebauch,
1 Frühlingszwiebel,
1 Zwiebel,
2 Möhren,
5 Kohlblätter,
4 EL Öl,
2 gepreßte Knoblauchzehen,
200 g Krabben,
2 TL feingeschnittener Schnittlauch
Für die Sauce:
125 ml Brühe, 4 EL helle Sojasauce,
1 EL dunkle Sojasauce,
1 TL Salz, Pfeffer, Glutamat,
1/2 TL Zucker

Nudeln mit Wasser begießen, ca. 15 Minuten einweichen, abtropfen lassen; Schweinebauch ca. 15 Minuten kochen, herausnehmen, kalt stellen, dann in Streifen schneiden. Frühlingszwiebel halbieren, in 4 cm lange Stücke schneiden. Zwiebel hacken, Möhren in Streifen schneiden. Kohlblätter halbieren, die dicken Rippen herausnehmen, die Blätter in Streifen schneiden. Öl im Wok erhitzen, Knoblauch und Zwiebel darin unter Rühren anbraten, bis sie duften, Schweinbauch und Möhren zugeben, kurz braten, Saucenzutaten zugießen und ca. 5 Minuten zugedeckt dünsten. Krabben, Kohlblätter, Frühlingszwiebel zugeben, bei starker Hitze kurz anbraten. Nudeln zugeben, Hitze reduzieren und alles vermischen. Mit Salz, Pfeffer oder Sojasauce abschmecken und mit fein geschnittenem Schnittlauch garniert servieren.

EW	Fett	KH	kcal/J
28 g	37 g	57 g	668/2797

Gebratener Reis nach Bauernart

1 Frühlingszwiebel,
250 g geräucherter Schweinebauch,
4 Eier, Salz, Pfeffer, 3 EL Öl,
2 Knoblauchzehen,
1 Zwiebel,
3 EL helle Sojasauce,
1 EL dunkle Sojasauce,
2 TL Tabasco, 1/2 TL Zucker,
1/2 TL Glutamat,
1/2 EL Paprikapulver (edelsüß), 2 EL Reiswein,
2 EL Tomatenketchup,
500 g gekochter Reis (kalt),
1 Tasse Erbsen,

Frühlingszwiebel halbieren, in ca. 3 cm lange Stücke schneiden. Schweinebauch in Streifen schneiden. Eier verquirlen, mit Salz und Pfeffer würzen. Mehrere Omeletts backen, in Streifen schneiden. Öl erhitzen, Knoblauch und Zwiebel darin andünsten, Schweinebauch und Frühlingszwiebel zugeben. Bei Mittelhitze unter Rühren braten und Sojasauce, Tabasco, Zucker, Glutamat, Salz, Pfeffer, Paprikapulver, Reiswein und Tomatenketchup zugeben. Reis und Erbsen hineingeben, durchmischen, braten und ständig wenden. Omelettstreifen darüberstreuen.

EW	Fett	KH	kcal/J
20 g	41 g	38 g	611/2555

Gebratener Reis

Reis in 1 l Wasser 30 Minuten kochen, dann zerpflücken. Eier mit 1 Prise Salz gut verrühren (nicht verquirlen) und in 1 EL Öl zwei dünne Omeletts daraus backen. In Streifen teilen und zugedeckt warm halten. Bohnensprossen abtropfen, frische zuvor 3 Minuten blanchieren und abschrecken. Schnittlauch waschen und in Röllchen schneiden. Übriges Öl im Wok erhitzen, Garnelen bei starker Hitze unter Wenden darin anbraten und herausnehmen. Schweinswurst in dünnen Scheiben oder den Schinken in Streifen im

300 g chinesischer Klebreis,
2 Eier, Salz, 4 EL Öl,
100 g Bohnensprossen,
1 Bund Schnittlauch,
150 g ausgelöste Garnelen,
100 g chinesische Schweinswurst oder gekochter Schinken,
100 g Tiefkühl-Erbsen,
2 EL Austernsauce

Wok nur kurz erhitzen, Reis zufügen und anbraten. Unaufgetaute Erbsen mit 1 Prise Salz, Garnelen, Austernsauce und Bohnensprossen daruntermengen. Omelettstreifen unter den Reis heben und das Gericht mit dem Schnittlauch bestreut servieren.

TIP Das Reisgericht kann auch mit Langkornreis zubereitet werden.

EW	Fett	KH	kcal/J
24 g	23 g	62 g	541/2265

Knusprig gebratene Nudeln mit verschiedenem Fleisch und Fisch

300 g chinesische Eiernudeln,
Öl zum Braten,
200 g Hühnerbrustfilet,
150 g mageres Schweinefleisch,
1 Tintenfisch,
1 TL Essig,
1 TL helle Sojasauce,
100 g gekochter Schinken,
3 eingeweichte Tongkupilze,
1 Tasse Bambussprossen,
4 eingeweichte Morcheln,
1 gepreßte Knoblauchzehe,
1 Frühlingszwiebel,
150 g Krabben,
200 g Spinat oder chinesisches Gemüse,
Maisstärke zum Andicken
Für die Marinade: 1 Ei,
2 EL helle Sojasauce,
1 EL Weizenmehl,
1 EL Maisstärke, Pfeffer
Für die Sauce:
750 ml Brühe,
3 EL helle Sojasauce,
1 EL dunkle Sojasauce,
2 EL Reiswein,
Glutamat, Salz, Pfeffer

Nudeln mit reichlich kochendem Wasser übergießen, ca. 15 Minuten einweichen, dann abtropfen. Öl im Wok erhitzen, Nudeln bei starker Hitze anbraten, ab und zu wenden (Vorsicht: nicht anbrennen lassen!). Wenn sie knusprig und goldgelb sind, herausnehmen, abtropfen. Hühner- und Schweinefleisch schräg in dünne Streifen schneiden, mit Marinadenzutaten gut vermischen, ca. 10 Minuten ziehen lassen. Tintenfisch gut waschen. Unter fließendem Wasser Außenhaut vom Körper abtrennen. Kopf samt Innereien herausziehen und wegwerfen. Tintenfisch gut ausspülen, seitlich halbieren, in 2 cm große Stücke schneiden, mit 1 TL Essig, 1 TL heller Sojasauce marinieren. Schinken, Tongkupilze in Streifen, Bambussprossen in dünne Scheiben, Morcheln grob schneiden. Reichlich Öl im Wok erhitzen, Fleischstücke einzeln darin fritieren, bis sie goldgelb sind, herausnehmen, abtropfen.
2 EL Öl erhitzen, Knoblauch und Frühlingszwiebel darin braten, bis sie duften, dann Schinken, Bambussprossen, Pilze, Morcheln, Krabben, Tintenfisch zugeben. Alles kurz unter Rühren braten, Saucenzutaten darübergießen, aufkochen lassen, Spinat oder chinesisches Gemüse zugeben, noch einmal aufkochen, mit Maisstärke andicken. Auf einer Platte Nudeln anrichten, fritierte Fleischstücke darüber verteilen, Saucenmischung übergießen und servieren.

EW	Fett	KH	kcal/J
68 g	38 g	61 g	860/3599

Nasi Goreng

Den Reis im Salzwasser kochen, abtropfen und auskühlen lassen. Die Eier mit Salz und Pfeffer verquirlen und in wenig Öl zu hauchdünnen Küchlein backen. Abgekühlt in sehr feine Streifen teilen. Das Gemüse putzen, die Paprika und den Lauch in Ringe schneiden, Zwiebeln und Knoblauch würfeln.
3 EL Öl in einer Pfanne erhitzen. Das Fleisch in sehr feine Streifen teilen, portionsweise anbraten und herausnehmen. Restliches Öl erhitzen und Gemüse darin nicht zu weich braten. Reis zufügen und hellgelb braten. Das Fleisch und die abgetropften Krabben darin erhitzen, pikant abschmecken und Eierkuchenstreifen untermischen, abschmecken und sofort servieren.

EW	Fett	KH	kcal/J
45 g	34 g	37 g	621/2596

150 g Parboiled Reis,
Salz,
2 Eier,
weißer Pfeffer,
6 EL Öl,
1 rote Paprikaschote,
1 Stange Lauch,
2 Zwiebeln,
2 Knoblauchzehen,
300 g Hühnerbrustfilet,
300 g Schweineschnitzel,
80 g Krabben (Dose),
1/2 TL Sambal Oelek,
4-5 EL Sojasauce

Curry-Sauce

1 EL Öl, 2 EL Currypulver,
1 EL Reiswein,
1/2 TL Maisstärke,
1 TL Essig, 1 TL Zucker,
Salz

TIP Diese Sauce paßt gut zu gebratenen Fleischgerichten.

Öl erhitzen, Currypulver kurz unter Rühren anbraten, rasch 5 EL Wasser zugießen.
Reiswein, Maisstärke, Essig, Zucker und Salz zugeben.
Zum Schluß alles noch einmal kurz aufkochen.

EW	Fett	KH	kcal/J
1 g	4 g	3 g	56/234

Senfsauce

2 EL milder Senf,
1 TL Zucker, 3 TL Essig,
1 EL helle Sojasauce,
Salz, Glutamat,
Maisstärke zum Andicken

TIP Senfsauce paßt zu knusprig gebratenen oder gegrillten Gerichten.

Alle angegebenen Zutaten, mit Ausnahme der Maisstärke, mit 5 EL Wasser gründlich vermischen und aufkochen lassen.
Die Maisstärke mit kaltem Wasser anrühren, die Sauce damit binden.

EW	Fett	KH	kcal/J
1 g	1 g	2 g	16/67

Tomatensauce pikant

3 EL fein gehackte rote Paprikaschote,
1 EL fein gehackte Zwiebel,
6 EL Tomatenketchup,
1 TL Essig,
1 gepreßte Knoblauchzehe,
1 TL Paprikapulver (edelsüß),
2 TL Chilisauce oder Tabasco,
Pfeffer,
Salz,
1 TL Zucker

3 EL Wasser mit der Paprikaschote und der Zwiebel ganz kurz aufkochen, dann die restlichen angegebenen Zutaten hineingeben. Die Sauce sehr gut verrühren und bei sehr schwacher Hitze köcheln lassen. Nach ungefähr 5 Minuten ist die Sauce fertig und kann gut zu Frühlingsrollen und Maultaschen gereicht werden.

EW	Fett	KH	kcal/J
1 g	0 g	10 g	42/177

Süß-saure Sauce

Tomatenketchup, Sojasauce, Zucker, Essig, Salz, Pfeffer, Glutamat, Chilisauce, Knoblauch und Reiswein mit 1/8 l Wasser zum Kochen bringen.
Abschließend die Maisstärke kalt anrühren und die Sauce damit dicken.
Zu gebackenen Fischgerichten reichen.

EW	Fett	KH	kcal/J
1 g	1 g	9 g	43/180

2 EL Tomatenketchup,
2 EL helle Sojasauce,
1 EL karamelisierter Zucker,
1 EL Essig,
Salz, Pfeffer,
Glutamat,
2 TL Chilisauce,
1 gepreßte Knoblauchzehe,
1 EL Reiswein,
2 TL Maisstärke

Tomatensauce

1 Zwiebel, 4 EL Tomatenketchup oder Tomatenmark, 125 ml Brühe, 2 TL Zucker, 2 TL Essig, Pfeffer, Glutamat, 1 EL helle Sojasauce, 1 TL Maisstärke

TIP Tomatensauce paßt zu Fleisch, Fisch oder Eierspeisen (z. B. Omelett).

Die Zwiebel schälen und fein hacken.
Mit Tomatenketchup, Brühe, Zucker, Essig, Pfeffer, Glutamat und Sojasauce gut verrühren und aufkochen.
Die Maisstärke mit wenig Wasser kalt anrühren, die Sauce damit binden.

EW	Fett	KH	kcal/J
1 g	1 g	8 g	37/154

Hummer-Krabben-Sauce

50 g Krabben aus der Dose, 2 EL dunkle Sojasauce, 3 EL Hummersauce, 2 TL Maisstärke, 5 EL Fleischbrühe, Zucker, Salz, Pfeffer, 1 EL Öl

TIP Die Sauce zu gebratenen Shrimps reichen.

Krabben aus der Dose gut abspülen und abtropfen lassen.
Fleischbrühe mit der Maisstärke anrühren, Sojasauce, Hummersauce und je eine Prise Zucker, Salz und Pfeffer zugeben. Öl erhitzen und Krabben darin anbraten.
Hitze reduzieren und Saucenmischung zugeben, kurz aufkochen.

EW	Fett	KH	kcal/J
3 g	5 g	2 g	62/260

Fruchtige Sauce

5 EL Brühe, 2 EL Reiswein, 1 EL helle Sojasauce, Saft einer Orange, 1 TL Zucker, Salz, Zimt, 1 TL Maisstärke

Alle Saucenzutaten mit Ausnahme der Stärke mischen.
Die Stärke mit wenig Wasser verrühren und die Sauce damit binden.
Diese Sauce zu gebratenem Rindfleisch reichen.

EW	Fett	KH	kcal/J
1 g	–	6 g	41/170

Scharf-saure Sauce

Tomatenketchup, Chilisauce, Sojasauce, Essig, Salz, Zucker, Ingwerpulver, Knoblauch und Senf gut vermischen.
Alles mit 2 EL Wasser kurz aufkochen lassen und heiß servieren.

EW	Fett	KH	kcal/J
1 g	1 g	4 g	22/91

1 EL Tomatenketchup,
1 EL Chilisauce oder Tabasco,
1/2 EL dunkle Sojasauce,
2 TL Essig, Salz,
1 TL Zucker,
1/2 TL Ingwerpulver,
1 gepreßte Knoblauchzehe,
2 TL milder Senf

Gefüllter Tofu

200 g Krabben,
200 g Schweinemett,
2 EL feingehackter Lauch,
Glutamat, Salz, Pfeffer,
2 EL helle Sojasauce,
1 Eiweiß, 1 EL Maisstärke,
1 EL Reiswein,
2 Packungen Tofu (á 400 g),
Maisstärke zum Wälzen,
Öl zum Braten,
etwas Schnittlauch
Für die Sauce:
250 ml Brühe,
2 EL helle Sojasoße,
1 EL dunkle Sojasauce,
2 EL Austernsauce,
Glutamat, Pfeffer,
3 TL Maisstärke

Krabben fein hacken, mit Schweinemett, fein gehacktem Lauch, Glutamat, Salz, Pfeffer, Sojasauce, Eiweiß, Maisstärke, Reiswein gut vermischen.
Tofu quer in 2 cm dicke Scheiben schneiden, diese einzeln diagonal halbieren (Dreieckform), mit Salz bestreuen. In die Mitte ein Loch schneiden und mit der Krabben-Fleisch-Mischung füllen, in Maismehl wälzen. Reichlich Öl im Wok stark erhitzen. Tofustücke einzeln ins Öl gleiten lassen, solange fritieren, bis sie goldgelb sind.
Saucenzutaten gut vermengen, zum Kochen bringen, dann den gefüllten Tofu zugeben, bei schwacher Hitze zugedeckt ca. 25. Minuten köcheln lassen. Mit fein gehacktem Schnittlauch garnieren.

EW	Fett	KH	kcal/J
34 g	36 g	19 g	541/2263

Gebratenes Rindfleisch mit Tofu, scharf

200 g Rinderfilet,
2 EL Sojasauce,
2 TL Maisstärke,
1 Packung Tofu (400 g),
Öl zum Braten,
3 eingeweichte Tongkupilze,
2 gepreßte Knoblauchzehen,
etwas gehackter Schnittlauch
Für die Sauce:
125 ml Brühe,
2 EL helle Sojasauce,
1 EL dunkle Sojasauce, Salz,
Glutamat, Pfeffer,
1/2 TL Zucker, 2 EL Reiswein,
3 TL Tabasco oder
Chilisauce,
2 TL Maisstärke

Rindfleisch schnetzeln, mit einer Marinade aus Sojasauce und Maisstärke vermischen, ca. 10 Minuten durchziehen lassen. Tofu in 1 cm dicke Scheiben schneiden, dann in 2 cm große Quadrate teilen.
Reichlich Öl im Wok stark erhitzen, Tofu darin fritieren, bis er goldgelb ist, herausnehmen, abtropfen lassen.
Tongkupilze vierteln, Saucenzutaten gut verrühren.
3 EL Öl im Wok erhitzen, Knoblauch darin braten, bis er duftet, Fleisch zugeben, kurz unter Rühren anbraten. Tongkupilze zugeben, vorsichtig vermischen, dann die Saucenmischung zugießen, unter Rühren bei schwacher Hitze weiter braten. Nach 10 Minuten vom Herd nehmen, sofort servieren.
Mit gehacktem Schnittlauch garnieren.

EW	Fett	KH	kcal/J
18 g	20 g	9 g	292/1221

Himmlischer Feuertopf

(für 6 Personen)

Das Lammfleisch und die Leber im Gefrierfach anfrieren lassen und in sehr dünne Scheiben schneiden.
Den Knoblauch mit der Sojasauce mischen und das Fleisch damit zugedeckt marinieren.
Die Eier mit 1 Prise Salz und Schnittlauch leicht verquirlen und in je 1 EL Öl zu zwei dünnen Omeletts backen. Die Omeletts in Rauten schneiden.
Die Möhren schälen, der Länge nach mehrfach einkerben und in Scheiben teilen, die Blüten ähneln.
Die Selleriestangen von den Fäden befreien, der Länge nach teilen und in 4 cm lange Stücke schneiden.
Wirsing waschen und in Stücke reißen. Den Sellerie und den Wirsing getrennt 2 - 3 Minuten in kochendem Salzwasser blanchieren, kurz in Eiswasser

500 g mageres Lammfleisch aus Keule oder Schulter,
200 g Kalbsleber,
1 TL sehr fein gehackter Knoblauch,
2 EL dunkle Sojasauce,
2 Eier, Salz,
2 EL gehackter Schnittlauch,
2 EL Öl, 2 große Möhren,
6 Stengel Bleichsellerie,
250 g Wirsing, 200 g Tofu,
2 - 3 l Hühnerbrühe
Für die Sauce:
100 ml helle Sojasauce,

1 EL fermentierter Bohnenquark,
1 TL Sesampaste,
1 Spritzer Chilisauce,
2 EL Rotwein,
3 EL Reiswein oder Sherry,
3 feingehackte Schalotten,
1 TL gehackte Ingwerwurzel

TIP Als Beilage schmeckt frisches Baguette.

abschrecken und gut abtropfen lassen. Tofu in Würfel schneiden.
Fleischmarinade mit Hühnerbrühe im Feuer- oder Fonduetopf erhitzen.
Lammfleisch auf sechs Tellern anrichten und Leberscheiben mit Omelettrauten, Tofuwürfeln und Gemüse dekorativ danebenlegen.
Saucenzutaten verrühren, in 6 Schälchen geben.
Jeder Teilnehmer der Tafelrunde gart in 1 - 2 Minuten die gewünschten Zutaten in einem kleinen Sieb in der brodelnden Brühe.
Man „dippt" sie vor dem Verzehr in die Sauce – stilecht natürlich mit Stäbchen.

EW	Fett	KH	kcal/J
47 g	43 g	17 g	662/2769

Brathähnchen mit Tofu

1 Brathähnchen (ca. 1 kg),
Salz, Pfeffer,
2 EL Essig,
1 Packung Tofu,
Öl zum Braten,
6 Stengel Schnittlauch,
1 Zwiebel,
2 gepreßte Knoblauchzehen,
3 EL helle Sojasauce,
1 EL dunkle Sojasauce,
2 EL Reiswein,
Salz, Pfeffer, Glutamat,
500 ml Brühe,
Maisstärke zum Andicken

Brathähnchen waschen, in kleine Stücke zerteilen, mit 1 TL Salz, Pfeffer, Essig einreiben, 20 Minuten ziehen lassen. Tofu in 1 cm dicke Scheiben schneiden, dann in 3 cm große Quadrate teilen. Reichlich Öl im Wok erhitzen, Tofu darin fritieren, bis er goldgelb ist, herausnehmen, abtropfen lassen. Schnittlauch in 5 cm lange Stücke schneiden, Zwiebel und Knoblauch fein hacken. 3 EL Öl erhitzen. Knoblauch und Zwiebel darin braten, bis sie duften, Brathähnchenstücke zugeben, solange unter Rühren braten, bis sie gar sind. Tofu, Sojasauce, Reiswein und Gewürze zugeben, kurz anbraten (vorsichtig mischen).
Dann die Brühe zugießen, zum Kochen bringen, die Hitze reduzieren, ca. 15 Minuten zugedeckt köcheln lassen, ab und zu wenden. Anschließend Schnittlauch untermischen, mit Maisstärke andicken, wieder zum Kochen bringen, servieren.

EW	Fett	KH	kcal/J
60 g	31 g	14 g	586/2450

Tofu-Fisch-Topf

Fisch waschen. Knoblauchzehe fein würfeln, mit Soja-, und Chilisauce, Essig und 1 EL Zucker verrühren, über Fisch und Tofu gießen. Sellerie, Bambussprossen und Möhren in feine Stifte schneiden. Fisch und Tofu aus der Marinade (aufheben!) nehmen, abtropfen lassen. Fisch mit Mehl bestäuben, im Öl goldbraun braten; herausnehmen und abfetten. Tofu in Erdnußöl braten, herausnehmen. Marinade und Fischfond mischen. Öl bis auf 2 EL aus der Pfanne nehmen. Gemüse darin 1 Minute anbraten, Fisch darauflegen, ringsum Tofuscheiben anordnen. Marinade hinzugießen, Chilischoten auf den Fisch. Alles zugedeckt bei schwacher Hitze in 15 - 20 Minuten garen. Sesamöl auf den Tofu träufeln und Sesamsamen darüberstreuen.

EW	Fett	KH	kcal/J
44 g	65 g	24 g	846/3541

500 g Thunfisch, Kabeljau oder Seelachs,
1 Knoblauchzehe,
100 ml helle Sojasauce,
1 TL scharfe Chilisauce,
2 EL Weinessig, Zucker,
500 g Tofu (in 1 cm breite Scheiben geschnitten),
3 Stengel Bleichsellerie,
100 g Bambussprossen,
2 Möhren,
1 EL Mehl,
1/8 l Erdnußöl,
5 EL Fischfond (Fertigprodukt),
2 rote Chilischoten,
Sesamöl,
Sesamsamen

Spinat nach chinesischer Art

500 g Spinat,
3 EL Öl zum Braten,
1 gepreßte Knoblauchzehe,
1 Tasse Brühe,
2 EL Austernsauce,
2 EL helle Sojasauce,
Glutamat, Pfeffer,
1/2 TL Zucker

Spinat putzen, waschen, abtropfen lassen.
Öl im Wok erhitzen, Knoblauch darin braten, bis er duftet.
Spinat zugeben, kurz unter Rühren durchbraten.
Rasch die Brühe, Austernsauce, Sojasauce, Glutamat, Pfeffer und Zucker zugeben.
Alles bei starker Hitze weiter unter Rühren braten, bis der Spinat weich ist.

EW	Fett	KH	kcal/J
4 g	12 g	2 g	134/560

Verschiedenes Gemüse mit Eiern

1 Frühlingszwiebel,
100 g Bambussprossen,
2 Möhren,
3 eingeweichte Tongkupilze,
100 g Weißkraut,
4 Eier,
Salz, Pfeffer,
3 EL Öl zum Braten,
1 gepreßte Knoblauchzehe,
100 g Schweinehackfleisch,
100 g Krabben,
3 Morcheln,
1/8 l Brühe,
Glutamat,
1/2 TL Zucker,
3 EL helle Sojasauce,
1 EL Reiswein

Frühlingszwiebel in Ringe, Bambussprossen, Möhre, Tongkupilze und Weißkraut in dünne Streifen schneiden.
Eier in einer Schüssel verquirlen, mit Salz und Pfeffer würzen.
Öl im Wok erhitzen, Knoblauch darin braten, bis er duftet.
Fleisch und Krabben zugeben, kurz anbraten, dann Gemüse und Pilze zugeben, alles gut vermischen.
Brühe zugießen, Glutamat, Zucker, Sojasauce und Reiswein zugeben.
Alles unter Rühren braten, dann die verquirlten Eier hineingeben, gut vermischen, bis die Eier fest sind.
Eventuell nachwürzen, bei schwacher Hitze zugedeckt ca. 10 Minuten dünsten.

EW	Fett	KH	kcal/J
18 g	25,5 g	11,6 g	341/1427

Zuckerschoten mit Abalonen

Pilze in Wasser quellen. Stiele entfernen, Hüte vierteln. Zuckerschoten waschen, putzen. Abalonen-Flüssigkeit auffangen, mit Pilzwasser zu 1/4 l auffüllen. Die drei Saucen mischen. Zuckerschoten in Butter schwenken, mit Wein und Salz abschmecken. Pilze in Öl anbraten. Abalonen-Pilz-Flüssigkeit mit Würzsauce und verquirlter Maisstärke einrühren. Abalonen in Scheiben darin kurz erhitzen, mit den Zuckerschoten anrichten.

EW	Fett	KH	kcal/J
15 g	15 g	24 g	299/1252

4 schwarze chinesische Pilze,
500 g Zuckerschoten,
400 g Abalonen (aus der Dose),
2 EL helle Sojasauce,
1 EL Austernsauce,
1 TL Hoisinsauce,
1 EL Butter, 2 EL Reiswein,
Salz, 2 EL Erdnußöl,
1 TL Sesamöl,
2 TL Maisstärke

Bohnen mit chinesischen Pilzen

(Abb. links)

6 schwarze chinesische Pilze,
500 g grüne Bohnen,
3 EL Erdnußöl,
Salz, Zucker,
2 EL dunkle Sojasauce,
1 EL Hoisinsauce,
1 TL Maisstärke,
ein paar Tropfen Sesamöl

TIP Genauso können Sie zarte Zuckerschoten zubereiten, die – je nach Größe – nur 2 - 3 Minuten zum Garen benötigen.

Pilze waschen und in heißem Wasser 20 - 30 Minuten quellen lassen. Bohnen putzen, dabei die Fäden abziehen. Bohnen schräg in 4 cm lange Stücke schneiden, waschen und abtropfen. Pilze ausdrücken, Stiele entfernen und Hüte halbieren. Einweichwasser aufbewahren. Öl im Wok stark erhitzen. Bohnen und Pilze darin 1 Minute pfannenrühren, mit 1 guten Prise Salz bestreuen und mit 1 Tasse Pilzeinweichwasser aufgießen. Zugedeckt 10 Minuten köcheln.
1 TL Zucker mit Soja- und Hoisinsauce verrühren und Gemüse damit abschmecken. Maisstärke kalt anrühren, Flüssigkeit damit binden, das Gericht mit Sesamöl beträufeln.

EW	Fett	KH	kcal/J
5 g	14 g	10 g	179/750

Chinesische Gemüsepfanne

Die Möhren, die Paprikaschoten und die Fenchelknollen gründlich putzen, waschen und in schmale Stifte schneiden.
Das Öl in einem Wok oder einer Pfanne gut erhitzen, das Gemüse portionsweise darin anbraten und herausnehmen.
Dann 3/8 l Wasser hinzufügen.
Die Fertigmischung einrühren, zum Kochen bringen und zugedeckt 10 Minuten kochen, dabei gelegentlich umrühren.
Das Gemüse dazugeben und heiß werden lassen.

4 Möhren,
2 grüne Paprikaschoten,
2 Fenchelknollen,
4 EL Öl,
2 Beutel Fertigmischung für China-Pfanne

EW	Fett	KH	kcal/J
6	15	27	270/1120

TIP Mit körnig gekochtem Reis servieren.

Süß-saurer Wirsing *(Abb. S. 32 rechts)*

750 g Wirsing,
Salz,
1 Scheibe frische Ananas,
2 chinesische Schweinswürste,
3 EL Öl,
schwarzer Pfeffer,
1 Prise Fünf-Gewürz-Pulver,
1/8 l Hühnerbrühe,
2 TL Maisstärke,
1 EL Tomatenmark,
2 EL dunkle Sojasauce,
2 EL Essig,
2 EL Zucker,
4 Zweige Koriander (ersatzweise Petersilie)

Wirsing putzen, vierteln und 10 Minuten in kochendem Salzwasser blanchieren. Dann herausnehmen, in Eiswasser tauchen und in breite Streifen schneiden. Ananas in kleine Stücke, Würste in Scheiben teilen.
Öl im Wok erhitzen. Wirsing und Ananas darin bei starker Hitze 1 Minute pfannenrühren, mit frisch gemahlenem Pfeffer und Fünf-Gewürz-Pulver bestreuen und mit der Hälfte der Brühe 5 Minuten köcheln lassen.
Wurstscheiben darauf verteilen und alles in weiteren 5 - 10 Minuten garen.
Restliche Brühe mit Speisestärke, Tomatenmark, Sojasauce, Essig und Zucker verrühren.
Sauce über den Kohl gießen und einmal aufkochen lassen. Den Kohl mit Koriander oder Petersilie bestreut servieren.

EW	Fett	KH	kcal/J
14 g	32 g	22 g	422/1766

Gebratene Bambussprossen

500 g Bambussprossen,
1 Frühlingszwiebel,
100 g Schweinebauch,
4 eingeweichte Tongkupilze,
3 EL Öl zum Braten,
2 gepreßte Knoblauchzehen,
200 g Krabben
Für die Sauce:
3 EL helle Sojasauce,
1 EL dunkle Sojasauce,
1/2 TL Zucker, Salz, Pfeffer, Glutamat,
250 ml Brühe

Bambussprossen in dünne Scheiben schneiden. Frühlingszwiebel halbieren, dann schräg in ca. 3 cm lange Stücke schneiden. Schweinebauch schnetzeln. Tongkupilze in Streifen schneiden.
Öl im Wok erhitzen, Knoblauch darin braten, bis er duftet, Schweinbauch zugeben, unter Rühren durchbraten, dann Tongkupilze, Krabben, Frühlingszwiebel zugeben, kurz anbraten und die Saucenzutaten zugießen. Alles bei schwacher Hitze ca. 40 Minuten köcheln lassen.

EW	Fett	KH	kcal/J
17 g	22 g	12 g	305/1277

Gefülltes Omelett auf chinesische Art

Hühner- oder Schweinefleisch in feine Streifen schneiden, Tongkupilze fein in Würfel hacken. Sojabohnensprossen putzen, waschen, abtropfen lassen. Fleisch kurz mit 1 EL heller Sojasauce und 1 TL Maisstärke marinieren. 3 EL Öl im Wok erhitzen, Fleisch darin braten, bis es hell wird, Krabben, Bambussprossen, Möhre, Tongkupilze und Lauch zugeben, unter Rühren braten, dann Gewürze, Reiswein und Brühe hinzufügen. Bei schwacher Hitze zugedeckt dünsten lassen, bis das Gemüse gar ist, Sojabohnensprossen hineingeben, bei starker Hitze gut vermischen, mit Maisstärke andicken.
Eier mit Salz und Pfeffer würzen, mehrere Omeletts backen. Gemüsemischung auf den Omeletts verteilen, die Omeletts einmal falten, mit heißer Toamtensauce begießen, sofort servieren. Vorgekochte Erbsen darüberstreuen.

EW	Fett	KH	kcal/J
19 g	20 g	11 g	306/1279

100 g Hühnerbrust- oder Schweinefilet,
3 eingeweichte Tongkupilze,
100 g Sojabohnensprossen,
2 EL helle Sojasauce,
Maisstärke,
Öl zum Braten,
100 g Krabben,
100 g Bambussprossen in Streifen,
1 Möhre in Streifen,
2 EL Lauch in Ringen,
Salz, Glutamat, Pfeffer,
1 EL Reiswein,
1 Tasse Brühe,
3 verquirlte Eier,
fertige Tomatensauce,
2 EL vorgekochte Erbsen

Gebratene Bohnensprossen mit Krabben

Sojabohnensprossen putzen, Frühlingszwiebel in Ringe schneiden.
Öl im Wok erhitzen, Knoblauch darin unter Rühren braten, bis er duftet, Hackfleisch, Krabben und Lauch zugeben, mit Salz und Pfeffer würzen,
umrühren. Dann mit Sojabohnensprossen und den restlichen Zutaten vermischen, bis die Bohnensprossen gar sind.

EW	Fett	KH	kcal/J
16 g	20 g	6 g	279/1166

500 g Sojabohnensprossen,
1 Frühlingszwiebel,
3 EL Öl zum Braten,
1 gepreßte Knoblauchzehe,
100 g Hackfleisch,
100 g Krabben,
2 Stangen Lauch,
Salz, Pfeffer,
Glutamat,
1/2 TL Zucker,
4 EL helle Sojasauce,
2 EL Reiswein

Gebackene Eier-Gemüse-Mischung mit Tomatensauce

100 g Schweinefleisch,
2 eingeweichte Tongkupilze,
2 Weißkohlblätter,
100 g Bambussprossen in Streifen,
1 fein geschnittene Frühlingszwiebel,
1 Möhre in Streifen,
200 g gekochte Krabben,
1/2 TL Salz, Pfeffer, Glutamat,
2 EL helle Sojasauce,
1 EL Maisstärke,
Öl zum Braten,
3 Eier,
fertige Tomatensauce

Schweinefleisch schnetzeln, Tongkupilze in feine Streifen schneiden. Weißkohl waschen, die dicken Rippen entfernen, die Blätter in feine Streifen schneiden. In einer Schüssel Gemüse, Fleisch, Krabben, Salz, Pfeffer, Glutamat, Sojasauce und Maisstärke gut vermischen.
Öl in einer Pfanne erhitzen. Während das Öl heiß wird, die Eier in die Gemüse-Fleisch-Mischung geben, gut verrühren, rasch in 4 Portionen in reichlich heißem Öl schwimmend ausbacken, die Hitze etwas reduzieren. Wenn die untere Seite goldbraun ist, wenden, so lange backen, bis auch die andere Seite goldbraun ist.
Auf einer warmen Platte anrichten, mit heißer Tomatensauce begießen.

EW	Fett	KH	kcal/J
22 g	33 g	15 g	433/1812

Gebratener Chinakohl mit Krabben

Ca. 500 g Chinakohl oder chinesisches Gemüse,
2 EL Öl zum Braten,
2 gepreßte Knoblauchzehen,
100 g Krabben,
etwas Maisstärke
Für die Sauce:
2 EL helle Sojasauce,
125 ml Brühe,
Salz, Pfeffer, Glutamat

Chinakohl putzen, waschen, in Stücke schneiden.
Öl im Wok erhitzen, Knoblauch darin braten, bis er duftet, Krabben und Chinakohl zugeben, unter Rühren durchbraten.
Saucenzutaten zugießen, zum Kochen bringen, bis der Chinakohl gar ist, anschließend mit Maisstärke andicken.

EW	Fett	KH	kcal/J
20 g	47 g	2 g	448/1874

Feines Gurkengemüse

Die Garnelen von warmem Wasser bedeckt 30 Minuten quellen lassen.
Den Speck und die geschälten Schalotten und Ingwerscheiben sehr fein würfeln.
Die Gurken waschen, abtrocknen, der Länge nach halbieren und schräg in 3 cm große Stücke schneiden.
Die Garnelen abtropfen lassen und fein hacken.
3 EL vom Einweichwasser mit 1 TL Zucker, Sojasauce,

2 EL getrocknete Garnelen,
50 g durchwachsener Speck,
2 Schalotten,
2 Scheiben Ingwerwurzel,
600 g Gemüsegurken,
Zucker,
1 EL helle Sojasauce,
1 EL Tomatenketchup,
1 EL Austernsauce,

Sesamöl,
1 TL Maisstärke,
Salz

Ketchup und Austernsauce verrühren.
2 EL Öl im Wok sehr heiß werden lassen. Ingwer mit Schalotten und Speck darin anbraten.
Garnelen hinzufügen.
1 Minute pfannenrühren und Gurkenstücke ebenfalls braten. Würzsauce angießen, 5 Minuten kochen lassen. Stärke kalt anrühren, Sauce damit binden. Das Gemüse abschmecken und mit 1 TL Sesamöl beträufelt servieren.

EW	Fett	KH	kcal/J
5 g	16 g	7 g	194/813

Gefüllte Tomaten

8 harte Tomaten,
Maisstärke,
100 g Bambussprossen,
100 g Krabben,
300 g Schweinehackfleisch,
2 EL fein gehackter Lauch,
1 EL Reiswein,
2 EL helle Sojasauce,
1 TL Salz,
Pfeffer,
Glutamat,
Öl zum Braten
Für die Sauce:
125 ml Brühe,
1 TL Zucker,
2 EL helle Sojasauce,
1 EL dunkle Sojasauce,
Glutamat,
Salz,
Pfeffer,
2 EL Reiswein

Tomaten waschen, Käppchen entfernen, entkernen, die Innenseite mit Maisstärke bestäuben.
Bambussprossen fein hacken, Krabben ebenso.
In einer Schüssel Schweinehackfleisch, Krabben, Bambussprossen, Lauch, Reiswein, Sojasauce, Salz, Pfeffer, Glutamat gut durchkneten.
Tomaten mit dieser Mischung füllen.
3 EL Öl erhitzen, gefüllte Tomaten zugeben, mit der Fleischmischung nach unten in den Wok setzen, solange braten, bis diese Seite braun ist.
Brühe zugießen, kurz aufkochen lassen, dann die restlichen Saucenzutaten hinzufügen, sofort vom Herd nehmen.
Auf einer feuerfesten Schüssel die Tomaten anrichten (Füllung nach unten).
Alles mit der Sauce begießen, dann ca. 20 Minuten dämpfen.
Vor dem Servieren die Sauce mit Maisstärke andicken.

EW	Fett	KH	kcal/J
59 g	33 g	22 g	476/1993

Chinapfanne mit Pilzen

(für 3 Personen)

Gemüse küchengerecht vorbereiten und in gleichgroße Streifen schneiden. Nacheinander unter Rühren im Öl anbraten, aus der Pfanne nehmen.
3/8 l Wasser in die Pfanne gießen, Fertigmischung einrühren, aufkochen. Gemüse hinzufügen, 10 Minuten kochen. Mit Sojasauce abschmecken.

EW	Fett	KH	kcal/J
6 g	11 g	20 g	200/835

1 Bund Frühlingszwiebeln,
1 rote Paprikaschote,
400 g Austernpilze,
2 EL Öl,
1 Beutel Fertigmischung für China-Pfanne,
Sojasauce

TIP Zu Reis, Nudeln oder Baguette servieren.

Gebratene grüne Bohnen mit Pilzen

300 g breite grüne Bohnen,
3 EL Öl zum Braten,
2 gepreßte Knoblauchzehen,
100 g Krabben,
150 g Champignons
Für die Sauce:
125 ml Brühe, Salz,
Glutamat, Pfeffer,
1/2 TL Zucker, 3 EL helle Sojasauce, 1 EL dunkle Sojasauce, 1 EL Reiswein,
1 TL Maisstärke

Bohnen putzen, waschen, schräg in 4 cm lange Stücke schneiden.
Öl im Wok stark erhitzen, Knoblauch kurz anbraten, Bohnen zugeben, unter Rühren braten.
Krabben und Champignons zugeben, die Saucenzutaten verrühren, zugießen, kurz aufkochen lassen. Dann zugedeckt bei schwacher Hitze ca. 15 Minuten köcheln lassen.

EW	Fett	KH	kcal/J
7 g	12 g	8 g	174/727

Chinesisches Omelett mit Krebsfleisch

Öl zum Braten,
100 g Bambussprossen in Streifen,
1 Möhre in feinen Streifen,
4 eingeweichte Morcheln in feinen Streifen,
2 EL Lauch in Ringen,
1 Dose Krebsfleisch,
1/2 TL Salz, Glutamat, Pfeffer,
2 EL helle Sojasauce,
1 EL Maisstärke, 5 Eier
Für die Tomatensauce:
1 Zwiebel, 1 EL Butter,
3 EL Tomatenketchup,
125 ml Brühe,
1 EL helle Sojasauce,
1 TL Essig, 1 TL Zucker, Pfeffer, Glutamat,
2 EL vorgekochte Erbsen,
1 TL Maisstärke

Zuerst die Tomatensauce vorbereiten: Zwiebel halbieren, in dünne Scheiben schneiden. 1 EL Butter oder Margarine in einem Topf erhitzen, Zwiebel darin anbraten, bis sie glasig ist. Tomatenketchup zugeben, kurz verrühren, mit Brühe verdünnen, restliche Saucenzutaten zugeben, mit Maisstärke andicken, aufkochen lassen, beiseite stellen.
2 EL Öl im Wok erhitzen, Bambussprossen, Möhre, Morcheln, Lauch darin unter Rühren braten, bis sie weich sind, herausnehmen, in eine Schüssel geben. Dann Krebsfleisch, Gewürze, helle Sojasauce, Maisstärke, Eier in die Gemüsemischung geben.
3 EL Öl im Wok erhitzen, Eiermischung gut verrühren, rasch auf einmal ins heiße Öl gießen. Wenn die Eiermischung sich unten gesetzt hat, wenden, so lange braten, bis sie fest ist. Auf einer warmen, runden Platte anrichten, mit Tomatensauce übergießen, servieren.

EW	Fett	KH	kcal/J
34 g	36 g	13 g	505/2114

Chinagemüse mit Ananas

Ei trennen, Speisestärke mit je 1 Prise Salz, Pfeffer, Eigelb, 2 EL Sojasauce und etwas Hühnerbrühe zu einem nicht zu dünnen Teig verrühren.
Fleisch, Gemüse und Ananas in Streifen schneiden.
Eiweiß steif schlagen, unter den Teig ziehen.
Fleischstreifen hineintauchen, fritieren und warm halten. Gemüse- und Ananasstücke im Sesamöl stark anbraten, Knoblauch und Zucker darüberstreuen. Mit Essig, restlicher Sojasauce und Brühe ablöschen, salzen, pfeffern und Fleisch untermengen.

EW	Fett	KH	kcal/J
66 g	17 g	45 g	461/1930

1 Ei, 40 g Maisstärke,
Salz, weißer Pfeffer,
4 EL Sojasauce,
1/4 l Hühnerbrühe,
400 g Putenschnitzel,
3 Stangen Lauch, 2 Zwiebeln,
1 grüne Paprikaschote,
500 g Möhren,
100 g Chinakohl, 1/2 Ananas,
1 l Öl zum Fritieren,
2 EL Sesamöl,
1 - 2 zerdrückte Knoblauchzehen,
1 EL Zucker,
1 EL Rotweinessig

Paniertes Fischfilet

Ca. 450 g weißes Fischfilet,
1 Ei, 4 EL Maisstärke,
Salz, Pfeffer,
Paniermehl,
Öl zum Fritieren,
fertige Tomatensauce
Für die Marinade:
2 EL helle Sojasauce,
1 EL Reiswein, 1/2 TL Salz,
3 EL Zitronensaft, Pfeffer,
2 EL fein gehackter Lauch

Fischfilet in große Stücke schneiden.
Marinadenzutaten mischen, das Fischfilet einreiben, ca. 15 Minuten ziehen lassen.
Ei, Maisstärke, Salz und Pfeffer mischen. Fischfilet im Teig wenden, dann in Paniermehl wälzen.
Fischstücke im heißen Öl fritieren. Mit Tomatensauce anrichten.

EW	Fett	KH	kcal/J
33,8 g	24 g	47 g	541/2262

Gebratene Krabben mit scharfer Sauce

Ca. 500 g rohe Krabben,
1/2 Gurke,
Öl zum Braten,
2 Scheiben Ingwerwurzel,
2 EL fein gehackter Lauch
Für die Marinade: 1 Eiweiß,
2 EL Zitronensaft,
1 EL Reiswein,
2 EL helle Sojasauce,
2 EL Maisstärke
Für die Sauce: 2 TL Tabasco oder Chilisauce,
2 EL Tomatenketchup,
2 EL helle Sojasauce,
1/2 TL Zucker, Salz, Pfeffer,
Glutamat, 1/2 Tasse Brühe,
2 TL Maisstärke,
einige Tropfen Sesamöl

Krabben schälen, ausnehmen, mit Marinadenzutaten gut vermischen, 10 Minuten ziehen lassen.
Gurke waschen, in dünne Scheiben schneiden, auf einer Platte anrichten.
Saucenzutaten verrühren, beiseite stellen.
Ausreichend Öl im Wok erhitzen, Krabben darin unter Rühren fritieren, bis sie sich rosa färben, herausheben, abtropfen lassen (abgekochte Krabben nur ganz kurz fritieren).
2 EL Öl erhitzen, Ingwer, Lauch zugeben, unter Rühren braten, bis sie duften. Die Saucenzutaten zugießen, aufkochen lassen, dann die fritierten Krabben zugeben, kurz unter Rühren anbraten, sofort auf den Gurkenscheiben anrichten.

EW	Fett	KH	kcal/J
25 g	22 g	19 g	382/1600

Chinesische Fischpfanne

Fischfilet auftauen, würfeln und in 2 EL Sojasauce, 1/2 EL Ingwer, Salz, Cayennepfeffer 10 Minuten ziehen lassen. Mit Mehl bestäuben. Paprikaschote würfeln, mit dem Fisch unter Rühren im heißen Öl 5 Minuten braten. Bratfett abgießen. Hühnerbrühe, restliche Sojasauce aufgießen. Erbsen und Senffrüchte zufügen, aufkochen lassen. Speisestärke kalt anrühren, Sauce binden; mit Ingwer und Zucker abschmecken.

EW	Fett	KH	kcal/J
29 g	22 g	11 g	358/1499

600 g Fischfilet (tiefgekühlt),
6 EL helle Sojasauce,
1 EL geriebener Ingwer,
Salz, Cayennepfeffer,
1 EL Mehl,
1 rote Paprikaschote,
8 EL Öl zum Braten,
6 EL Hühnerbrühe,
100 g Erbsen (tiefgekühlt),
75 g gehackte Senffrüchte,
1 TL Speisestärke,
1 TL Zucker

Garnelen-Erbsen-Pfanne

1 Eiweiß,
2 TL Maisstärke,
500 g ausgelöste Garnelen,
2 Frühlingszwiebeln,
1 Scheibe gekochter Schinken (etwa 100 g),
300 g Erbsen (tiefgekühlt),
1/8 l Öl,
2 Scheiben Ingwerwurzel,
1 EL helle Sojasauce,
1 Prise Salz, Glutamat

Eiweiß mit Maisstärke vermischen; Garnelen unterheben. Frühlingszwiebeln und Schinken fein würfeln. Erbsen überbrühen, abtropfen lassen. Öl im Wok heiß werden lassen, Garnelen darin 2 Minuten fritieren, herausheben, abfetten lassen. Öl abgießen, Wok trockenreiben und 2 EL Öl darin erhitzen. Ingwer, Zwiebeln und Schinken anbraten, zuerst Erbsen, dann Garnelen erhitzen und nach Wunsch würzen.

EW	Fett	KH	kcal/J
34 g	36 g	10 g	506/2117

Tintenfisch in würziger Sauce

Tintenfisch waschen, die Fangarme vom Körper trennen, in 1 bis 2 cm große Stücke schneiden. Den Kopf samt Mittelknochen und Innereien herausziehen und wegwerfen. Tintenfisch gut ausspülen und in 1 cm dicke Ringe schneiden. Mit Salz, Pfeffer und Essig ca. 15 Minuten marinieren. Tintenfisch in sprudelnd kochendem Wasser kurz aufkochen (ca. 5 Minuten), abgießen.
Butter oder Margarine im Wok erhitzen, Knoblauch darin anbraten, bis er duftet. Tintenfisch zugeben, ständig unter Rühren durchbraten.
Die Saucenzutaten zugießen, 1 - 2 Minuten unter Rühren braten, damit sich die Aromastoffe vermischen. Auf warmer Platte anrichten.

EW	Fett	KH	kcal/J
39 g	9 g	4 g	254/1063

Ca. 700 g - 1 kg Tintenfisch,
1/2 TL Salz, Pfeffer,
2 EL Essig,
3 EL Butter oder Margarine,
2 gepreßte Knoblauchzehen
Für die Sauce:
3 EL helle Sojasauce,
1/2 TL Zucker,
2 EL Reiswein,
1 EL Worcestersauce,
3 EL Maggiwürze

Knuspriges Fischfilet mit süß-saurer Sauce

Fischfilet in mundgerechte Stücke schneiden, mit Knoblauchzehe, Zitronensaft, Salz und Pfeffer gut einreiben, ca. 15 Minuten stehen lassen.
Teigzutaten mischen, ca. 1 EL Öl untermengen.
Öl zum Fritieren erhitzen. Die Fischstücke einzeln im Teig wenden, im Öl kurz backen, herausnehmen.
Wenn alle Stücke angebraten sind, Öl wieder erhitzen, die vorgebratenen Fischstücke ins Öl geben, goldbraun backen, abtropfen lassen. Auf einer warmen Platte anrichten, mit süß-saurer Sauce begießen.

EW	Fett	KH	kcal/J
27 g	23 g	28 g	420/1756

500 g weißes Fischfilet,
1 gepreßte Knoblauchzehe,
1 EL Zitronensaft,
1/2 TL Salz, Pfeffer,
Öl, süß-saure Sauce
(→ Rezept S. 23)
Für den Teig:
4 EL Eiswasser,
1 Ei,
6 EL Weizenmehl,
4 TL Maisstärke,
3 EL helle Sojasauce,
Glutamat, Pfeffer,
1/2 TL Essig

Krabben mit Cashewkernen

*Ca. 400 g rohe Krabben,
15 Stengel Schnittlauch,
3 eingeweichte Tongkupilze,
Öl zum Braten,
1 gepreßte Knoblauchzehe,
4 EL vorgekochte Erbsen,
100 g geröstete Cashewkerne
Für die Marinade:
1/2 Eiweiß,
2 EL helle Sojasauce,
1 EL Reiswein,
1 EL Maisstärke,
Pfeffer,
1 EL Zitronensaft
Für die Sauce:
1 EL Reiswein,
2 EL helle Sojasauce,
einige Tropfen Sesamöl,
Salz, Pfeffer, Glutamat*

Krabben schälen, ausnehmen, waschen und abtropfen lassen, mit Marinadenzutaten gut vermengen, ca. 10 Minuten ziehen lassen. Schnittlauch in ca. 5 cm lange Stücke schneiden. Tongkupilze vierteln.
Ausreichend Öl im Wok erhitzen, Krabben darin fritieren, ständig umrühren, damit sie nicht zusammenkleben, herausheben und abtropfen lassen.
2 EL Öl erhitzen, Knoblauch darin anbraten, bis er duftet, Tongkupilze und Erbsen zugeben, nach 1 Minute Krabben hinzufügen und alles kurz unter Rühren durchbraten.
Saucenzutaten zugießen. Das Ganze gut umrühren, damit sich das Aroma gleichmäßig verteilt, sofort vom Herd nehmen, Schnittlauch und Cashewkerne untermengen, servieren.

EW	Fett	KH	kcal/J
26 g	32 g	16 g	465/1944

Seezungenröllchen „Chinesische Art"

*4 Seezungenfilets (á 120 g),
2 EL Zitronensaft, Salz,
6 Feigen, 1 EL Mehl,
20 g Butter, 1 Beutel Fertigmischung für China-Pfanne,
1 EL süße Sahne,
1 Dose Lychees (425 ml),
50 g Krabben (tiefgekühlt),
250 g Glasnudeln,
ein paar Minzeblättchen*

Seezungenfilets der Länge nach halbieren. Mit Zitronensaft und Salz würzen. Feigen waschen, Blütenansatz entfernen.
4 Feigen achteln, restliche beiseite stellen. Feigenachtel auf die Seezungenfilets legen, diese aufrollen und feststecken; im Mehl wenden. Butter erhitzen; Seezungenröllchen dann von allen Seiten je etwa 2 Minuten braten, herausnehmen, warmstellen. 3/8 l Wasser dazugießen. Fertigmischung einrühren, zum Kochen bringen, 10 Minuten kochen lassen.

Sahne hinzufügen. Lychees abtropfen lassen und hinzufügen.
Krabben in die Sauce geben.
Restliche Feigen vierteln, hinzufügen und mit heiß werden lassen.
Glasnudeln nach Packungsvorschrift zubereiten.
Mit den Seezungenröllchen und der Sauce auf Tellern anrichten.
Mit den Minzeblättchen hübsch garnieren.

EW	Fett	KH	kcal/J
31 g	10 g	79 g	450/1890

TIP Als Beilage eignet sich auch körnig gekochter Reis.

Fritierte Garnelen

100 ml helle Sojasauce,
2 EL Weißweinessig,
1 TL Sesamöl,
2 TL Zucker,
5 EL Reiswein,
Salz,
1 EL geröstete Sesamsamen,
500 g geschälte Riesengarnelen,
1 TL gehackte Ingwerwurzel,
1/2 TL schwarzer Pfeffer,
50 g Maisstärke,
1 Eiweiß,
1 l Öl zum Fritieren

Sojasauce mit Essig, Sesamöl, Zucker, 3 EL Reiswein, 1 Prise Salz und Sesamsamen verrühren und in Portionsschälchen verteilen.
Darmstrang der Garnelen entfernen, Garnelen abbrausen, gut trockentupfen und der Länge nach ein-, aber nicht ganz durchschneiden.
Übrigen Reiswein mit Ingwer mischen und Garnelen darin 10 Minuten marinieren. Abtropfen lassen, salzen und pfeffern. Speisestärke mit Eiweiß verquirlen. Garnelen darin wenden und im heißen Öl etwa 3 Minuten goldgelb fritieren.
Variation: Garnelen im Teigmantel
(im Foto, oben links)
Vom Darm befreite, gut mit Salz und Knoblauchpulver gewürzte Garnelen durch einen Ausbackteig aus

2 Eiern, 100 g Mehl, 1 Msp. Backpulver und nur wenig Salz ziehen und goldgelb fritieren.
Sie können dazu eine Knoblauchsauce reichen, für die 2 EL dunkle Sojasauce mit 3 EL Tomatenketchup, 2 EL Reiswein, 1 EL Hoisinsauce, 1 Spritzer Chilisauce und 2 gewürfelte Knoblauchzehen verrührt werden.

EW	Fett	KH	kcal/J
26 g	25 g	18 g	420/1759

TIP Als Getränk eignet sich auf 30 Grad erwärmter Reiswein.

Tintenfisch mit verschiedenem Gemüse

500 g Tintenfisch,
100 g Bambussprossen,
4 eingeweichte Tongkupilze,
5 eingeweichte Morcheln,
100 g Strohpilze aus der Dose,
1 Frühlingszwiebel,
Öl zum Braten,
2 gepreßte Knoblauchzehen,
3 Scheiben Ingwer,
3 EL vorgekochte Erbsen oder 100 g Zuckererbsen
Für die Marinade:
2 EL Zitronensaft,
Salz, Pfeffer
Für die Sauce:
2 EL helle Sojasauce,
1 EL Reiswein,
1 Tasse Brühe,
Glutamat, Pfeffer, Salz,
1 TL Chilisauce oder Tabasco,
2 TL Maisstärke

Tintenfisch gut waschen, Fangarme abschneiden, die dünne Außenhaut ablösen, ausnehmen, Kopf und Innereien wegwerfen. Tintenfisch gut ausspülen, trockentupfen, seitlich aufschlitzen, flach ausbreiten. Mit der Innenseite nach oben auf ein Brett legen, gitterartig einritzen, und in etwa 2 cm große Quadrate schneiden, mit Marinadenzutaten gut vermischen. Tintenfischstücke in kochendem Wasser blanchieren, nach ein paar Sekunden herausnehmen, abtropfen lassen. Bambussprossen in dünne Scheiben schneiden, Tongkupilze vierteln, Morcheln in Streifen schneiden, Strohpilze halbieren, Frühlingszwiebel in 2 cm lange Stücke schneiden.
Saucenzutaten verrühren, beiseite stellen. 2 EL Öl im Wok erhitzen, Knoblauch und Ingwer darin braten, bis sie duften, das Gemüse der Reihe nach zugeben: Erbsen, Bambussprossen, Tongkupilze, Morcheln, Strohpilze, Frühlingszwiebel, dann die Saucenmischung zugießen. Tintenfisch zugeben, alles bei starker Hitze unter Rühren durchbraten.

EW	Fett	KH	kcal/J
23 g	15 g	13 g	276/1156

Fisch in süß-saurer Sauce

*Ca. 600 g ganze Fische oder Stücke, Maisstärke,
3 eingeweichte Tongkupilze,
1 rote Paprikaschote,
1 Möhre, Öl zum Fritieren,
1 Knoblauchzehe,
2 Scheiben Ingwer,
2 EL Frühlingszwiebeln
Für die Marinade: 1/2 TL Salz,
2 EL helle Sojasauce,
2 EL Zitronensaft, Pfeffer
Für die Sauce:
125 ml Ananassaft, 1 Tasse Ananas in Würfeln,
2 EL helle Sojasauce,
1 EL karamelisierter Zucker,
125 ml Wasser, 2 TL Maisstärke, 1 EL Tomatenketchup,
1 EL Worcestersauce, Pfeffer,
1 TL Tabasco oder Chilisauce, 1 TL Essig*

Fische putzen, Flossen abschneiden, ausnehmen, unter fließendem, kaltem Wasser waschen, und mit Küchenpapier trockentupfen. Fisch schräg einschneiden, mit Marinadenzutaten gut einreiben, 15 Minuten ziehen lassen. Fische ringsum, innen und außen, in Maisstärke wälzen und beiseite stellen. Pilze in Streifen schneiden, Paprika entkernen, in kleine Stücke schneiden, die Möhre in streichholzgroße Stifte schneiden. 2 EL Öl in kleinem Topf erhitzen, Knoblauch und Ingwer darin braten, bis sie duften, das Gemüse außer der Frühlingszwiebel hineingeben, kurz unter Rühren durchbraten, dann die Saucenmischung zugießen. Sobald sie aufkocht, vom Herd nehmen, eventuell nachwürzen. Reichlich Öl im Wok erhitzen, die Fische vorsichtig ins Öl gleiten lassen, fritieren, bis sie knusprig sind, ab und zu wenden. Die knusprigen Fische auf einer warmen Platte anrichten, die Sauce darübergießen, mit Frühlingszwiebeln bestreuen.

EW	Fett	KH	kcal/J
29 g	21 g	28 g	418/1747

Fritierte Hummerkrabben im Teigmantel

*8 - 10 rohe Hummerkrabben, Maisstärke zum Wälzen,
Öl zum Braten
Für die Marinade: 2 EL helle Sojasauce, 1 Prise Salz,
Pfeffer, 1 EL Reiswein,
2 EL Zitronensaft,
1 EL fein gehackter Lauch
Für den Ausbackteig: 1 Ei,
2 EL helle Sojasauce,
Glutamat, Pfeffer,
EL Maisstärke, 1 EL Öl,
100 g Weizenmehl,
1 TL Backpulver, Eiswasser*

Hummerkrabben aus der Schale lösen, Köpfe entfernen, Schwänze daran lassen. Am Rücken tief einschneiden, ohne den Körper durchzutrennen, auseinanderklappen, flach hinlegen. Hummerkrabben waschen, abtrocknen, mit Marinadenzutaten einreiben, 30 Minuten ziehen lassen. Teigzutaten glattrühren, ca. 5 Minuten stehen lassen. Hummerkrabben einzeln in Maisstärke wälzen und in den Ausbackteig tauchen, vorsichtig ins heiße Öl gleiten lassen, fritieren, bis sie goldgelb und knusprig sind.

EW	Fett	KH	kcal/J
29 g	29 g	21 g	462/1933

Süß-saurer Fisch

Pilze einweichen, Stiele entfernen, Hüte in Streifen schneiden. 1/8 l Pilzwasser abmessen. Fisch würfeln, in 1 EL Essig, 1 Prise Salz, Ingwer und 1 EL Sojasauce 10 Minuten marinieren; in Maisstärke wenden. Zwiebeln in Stücke teilen. Knoblauch würfeln. Zucker, Ketchup, Chilisauce, Pilzwasser, Essig, Sojasauce und Reiswein verrühren. Fisch in 5 EL Öl braten, herausnehmen. Knoblauch, Zwiebeln und Pilze in 1 EL Öl anbraten, mit Sauce aufgießen und Fisch zugeben.

EW	Fett	KH	kcal/J
27 g	23 g	39 g	392/1640

4 schwarze chinesische Pilze, 600 g Fischfilet
3 EL Weißweinessig, Salz,
1 TL geriebene Ingwerwurzel,
3 EL helle Sojasauce,
3 EL Maisstärke,
5 Frühlingszwiebeln,
1 Knoblauchzehe,
1 EL Zucker,
3 EL Tomatenketchup,
1 TL scharfe Chilisauce,
2 EL Reiswein, 6 EL Sesamöl

Rot gegrilltes Schweinefleisch Kanton-Art

Ca. 600 g Schweinelende,
1 EL Zucker, Salz, Pfeffer, Glutamat,
1 gepreßte Knoblauchzehe,
1/2 TL Ingwerpulver,
5 EL helle Sojasauce,
2 EL Reiswein,
2 TL Fünf-Gewürz-Pulver,
1/3 TL rote Lebensmittelfarbe,
1 EL fein gehackter Lauch,
1 EL Honig,
1 EL Öl

Schweinelende in etwa 4 cm dicke Scheiben schneiden, mit der Gabel ringsum einstechen. Mit sämtlichen Zutaten außer Honig und Öl ca. 1 Stunde marinieren.
Fleischscheiben aufhängen und ca. 30 Minuten an der Luft trocknen lassen. Ofen vorheizen, Fleisch eng zusammen legen, ca. 20 Minuten im Ofen bei 180 Grad backen. Von Zeit zu Zeit mit Honig und Öl einpinseln. Das Fleisch ist fertig, wenn es eine rotbraune Kruste hat. Mit dem restlichen Honig bestreichen, im Ofen lassen, bis der Honig getrocknet ist. In dünne Scheiben schneiden, kalt oder heiß servieren.

EW	Fett	KH	kcal/J
29 g	22 g	11 g	362/1515

Gegrilltes Schweinfleisch mit Chilischoten

450 g Schweinefilet,
1 EL helle Sojasauce,
2 EL Maisstärke,
Öl zum Braten,
1 EL Reiswein,
2 EL dunkle Sojasauce,
Salz, Glutamat,
1/2 TL Zucker,
1/4 TL Essig,
5 getrocknete Chilischoten oder eingelegte Peperoni,
4 Scheiben Ingwerwurzel,
4 EL geröstete Erdnüsse

Fleisch in kleine Stücke schneiden, mit heller Sojasauce und 1 EL Maisstärke ca. 20 Minuten marinieren. Fleischstücke in heißem Öl kurz fritieren, abtropfen lassen, beiseite stellen.
Reiswein, dunkle Sojasauce, Salz, 1 EL Wasser, Glutamat, Zucker, 1 TL Maisstärke und Essig zur Sauce verrühren. Chilischoten in 1 cm lange Stücke teilen 2 EL Öl im Wok erhitzen, Chilischoten und Ingwer zugeben, unter Rühren braten, bis sie braun werden; Fleischstücke hineingeben, bei starker Hitze weiter braten. Die vorbereitete Sauce darübergießen und die Erdnüsse zugeben, kurz aufkochen, heiß servieren.

EW	Fett	KH	kcal/J
26,7 g	44 g	7 g	532/2225

Süß-saures Schweinefleisch

Fleisch würfeln, Sojasauce mit Reiswein und Chilisauce mischen; Fleisch darin marinieren. Pilze 30 Minuten in warmem Wasser einweichen. Paprikaschote putzen, waschen und in Stücke schneiden. Möhre schälen, in Stücke schneiden, Zwiebeln schälen und vierteln. Bambussprossen in Stifte, Ananas in Stücke schneiden, Knoblauch und Ingwer schälen und fein würfeln. Öl in der Friteuse auf 175 Grad erhitzen. Fleischwürfel in Maisstärke wälzen, portionsweise etwa 3 Minuten fritieren. Pilze von den

500 g mageres Schweinefleisch,
1 EL dunkle Sojasauce,
1 EL Reiswein,
1 Spritzer scharfe Chilisauce,
4 schwarze chinesische Pilze,
1 gelbe Paprikaschote,
1 große Möhre,

2 kleine Zwiebeln,
75 g Bambussprossen,
1 - 2 Scheiben frische Ananas,
4 kleine Knoblauchzehen,
5 Scheiben Ingwerwurzel,
1 l Öl zum Fritieren,
100 g Maisstärke,
3 - 4 EL Zucker,
4 EL Rotweinessig

Stielen befreien und die Hüte in Viertel schneiden. Gesamtes Gemüse mit Ananas, Knoblauch und Ingwer unter Rühren in 2 EL Öl braten, bis es gerade beginnt, weich zu werden. 200 ml Wasser mit Zucker und Essig aufkochen. 2 EL Maisstärke anrühren und das Wasser damit binden. Über das Gemüse gießen und zusammen mit den Fleischwürfeln unterheben.

EW	Fett	KH	kcal/J
29 g	31 g	50 g	614/2568

Zehn Zutaten in einem Topf

(Chinatopf spezial)

50 g Zuckererbsen,
1 Tasse Bambussprossen,
2 Möhren,
4 Tongkupilze,
200 g rohe Hummerkrabben,
3 EL Reiswein,
4 Kohlblätter,
2 Frühlingszwiebeln,
100 g mageres Schweinefleisch,
1 EL dunkle Sojasauce,
2 TL Maisstärke,
1 gekochter Hähnchenschenkel,
Öl,
2 Knoblauchzehen,
3 EL helle Sojasauce,
1 l Brühe,
Salz, Pfeffer,
Glutamat
Für die Bällchen:
150 g Schweinehackfleisch,
1 Ei,
2 EL Weizenmehl,
2 EL helle Sojasauce,
Pfeffer, Glutamat,
Öl zum Fritieren

Bällchenzutaten gut durchkneten. Fritieröl erhitzen, die Bällchen einzeln hineingleiten lassen, bei Mittelhitze backen, bis sie goldbraun sind, abtropfen lassen, beiseite stellen. Zuckererbsen waschen, Fäden abziehen, halbieren. Bambussprossen und Möhren in Scheiben schneiden. Tongkupilze einweichen, vierteln, Hummerkrabben waschen, schälen, den dunklen Darm entfernen, halbieren, mit 1 EL Reiswein beträufeln, 5 Minuten ziehen lassen. Kohlblätter längs halbieren, in 5 cm lange Stücke schneiden. Frühlingszwiebeln in 2 cm lange Stücke schneiden. Schweinefleisch in dünne Streifen schneiden, mit dunkler Sojasauce und Maisstärke 15 Minuten marinieren. Hühnerfleisch entbeinen, schräg in 1 cm breite Streifen schneiden. 2 EL Öl im Wok erhitzen, Knoblauch und Frühlingszwiebeln unter Rühren braten. Mit heller Sojasauce und 2 EL Reiswein beträufeln, Brühe zugießen. 1 EL Öl erhitzen, Schweinefleisch unter Rühren braten, bis es hell ist, Hummerkrabben zugeben, kurz braten, alle Zutaten hinzufügen. Langsam die Brühe aus dem Wok zugießen, mit Salz, Pfeffer, Glutamat würzen. Sobald die Sauce aufkocht, Hitze herunterschalten und köcheln lassen, bis die Zutaten fast weich sind.

EW	Fett	KH	kcal/J
39 g	42 g	13 g	587/2454

Kantonesisches Schweinefilet

Cognac oder Rum mit 5 EL heller Sojasauce, 4 EL Zucker und Fünf-Gewürz-Pulver verrühren, Filet darin 30 Minuten marinieren. Bohnenquark, -paste, 1 EL helle Sojasauce, Zucker und Sesampaste mischen. Fleisch bei 200 Grad 45 Minuten braten. Nach 40 Minuten mit 1 EL dunkler Sojasauce bepinseln. Übrige Sojasauce mit Sirup oder Honig aufkochen. Filet mit der Sauce begießen; 10 Minuten ziehen lassen.

EW	Fett	KH	kcal/J
40 g	27 g	54 g	628/2629

1 EL Cognac oder Rum,
9 EL helle Sojasauce,
5 EL Zucker,
1 TL Fünf-Gewürz-Pulver,
800 g Schweinefilet,
2 EL fermentierter Bohnenquark,
2 EL Bohnenpaste,
Salz, 1 EL Sesampaste,
2 EL dunkle Sojasauce,
8 EL Rübensirup oder Honig

Gebratenes Schweinefleisch mit Sojabohnensprossen

250 g mageres Schweinefleisch,
3 EL helle Sojasauce,
4 TL Maisstärke,
Öl zum Braten,
2 EL Sherry oder Reiswein,
250 g Sojabohnensprossen,
4 eingeweichte Morcheln,
1 gepreßte Knoblauchzehe,
1/4 l Brühe,
Salz, Pfeffer

Fleisch in dünne Scheiben schneiden, in eine Schüssel geben, mit Marinade aus 1 EL heller Sojasauce, 2 TL Stärke, 1 TL Öl, 1 EL Sherry oder Reiswein übergießen, gut durchmischen, ca. 15 Minuten stehenlassen. Sojabohnensprossen waschen, abtropfen lassen. Morcheln in Streifen schneiden. Öl erhitzen, Fleisch darin leicht anbraten, ständig rühren, damit die Scheiben nicht aneinanderkleben. Fleisch nur kurz anbraten, herausheben. Wok sauberreiben, 2 EL Öl darin erhitzen, Knoblauch darin braten, bis er duftet, Fleisch, Morcheln, Brühe, restliche helle Sojasauce, restlichen Reiswein, Salz und Pfeffer zufügen, aufkochen lassen. Sojabohnensprossen zugeben, rasch umrühren, dann andicken.

EW	Fett	KH	kcal/J
16 g	31 g	5 g	372/1556

Fritierte Schweinefleischbällchen mit süß-saurer Sauce

450 g Schweinehackfleisch,
1 EL gehackter Lauch,
1 gepreßte Knoblauchzehe,
1 EL Sherry oder Reiswein,
2 EL helle Sojasauce,
1 Ei,
1 EL Maisstärke,
Salz, Pfeffer, Glutamat,
Sesamöl,
Öl zum Fritieren

TIP Dazu kann man süß-saure Sauce reichen (→ Rezept S. 23).

Schweinehackfleisch in eine Schüssel geben, mit den Zutaten gut vermischen, bis sie glatt und weich sind, eventuell einige Tropfen Sesamöl hinzufügen.
Den glatten Fleischteig zu kleinen Bällchen formen. Mit der linken Hand ein wenig von der Masse abnehmen, die Hand zur Faust schließen und dabei das Fleisch zwischen Zeigefinger und Daumen herausdrücken. Das entstandene Bällchen mit einem eingeölten Teelöffel abnehmen und im heißen Öl fritieren. Zuerst kurz fritieren, abtropfen lassen, das Öl wieder stark erhitzen, die Bällchen nochmals fritieren, bis sie ganz knusprig sind.

EW	Fett	KH	kcal/J
22 g	55 g	5 g	607/2541

Gebratenes Schweinefleisch Peking-Art

Fleischscheiben auf beiden Seiten durchklopfen. Die Marinadenzutaten mischen und mit dem Fleisch gut vermengen, 30 Minuten stehenlassen.
Das Fleisch abtropfen lassen, in Maisstärke wälzen. Öl in der Pfanne erhitzen.
Das Fleisch bei starker Hitze braten, bis es auf der Unterseite braun ist, dann wenden. So lange braten, bis das Fleisch goldbraun ist (auf jeder Seite ca. 5 - 7 Minuten).
Die fertiggebratenen Fleischscheiben in 1 - 2 cm breite Streifen schneiden, auf einer Platte anrichten.
Die Saucenzutaten gut verrühren, zum Fleisch reichen.

EW	Fett	KH	kcal/J
42 g	37 g	28 g	619/2588

5 Schweinekoteletts,
Maisstärke,
Öl zum Braten
Für die Marinade:
3 EL helle Sojasauce, Pfeffer,
1/2 TL Fleischzartmacher,
2 TL Fünf-Gewürz-Pulver,
1 gepreßte Knoblauchzehe,
1 EL Reiswein oder Sherry,
1 TL Zucker, 1 TL Essig, 1 Ei
Für die Sauce:
2 EL gehackter Lauch,
1 TL Ingwerpulver,
1 gepreßte Knoblauchzehe,
4 EL helle Sojasauce,
1/2 TL Zucker, 2 TL Essig,
1 TL Tabasco

Rotgeschmortes Schweinefleisch mit Eiern

Schweinefleisch in etwa 2 cm große Würfel schneiden. Öl in einem Topf erhitzen, Zwiebel und Knoblauch zugeben, unter Rühren braten, bis sie duften.
Fleisch, halbierte Eier, Tongkupilze zugeben, weiter bei starker Hitze unter Rühren braten, bis das Fleisch halb gar ist, restliche Zutaten zugeben, kurz umrühren.
Ca. 750 ml Wasser zugießen, zum Kochen bringen, Hitze herunterschalten, zugedeckt 1 - 2 Stunden köcheln lassen, bis das Fleisch weich ist. Ab und zu wenden.

EW	Fett	KH	kcal/J
32 g	45 g	8 g	571/2390

500 g Schweineschulter,
2 EL Öl zum Braten,
1 gehackte Zwiebel,
2 gepreßte Knoblauchzehen,
5 gekochte Eier,
5 eingeweichte Tongkupilze,
1 Sternanis,
1 TL Zucker,
125 ml dunkle Sojasauce,
4 EL helle Sojasauce,
1 TL Essig,
Salz, Pfeffer,
Glutamat,
3 EL Reiswein

Gebratene Schweinerippchen Kanton-Art

Ca. 500 – 750 g Schweinerippchen,
Öl zum Fritieren
Für die Marinade:
1 TL Zucker,
1/2 TL Fleischzartmacher,
5 EL helle Sojasauce,
Pfeffer, Glutamat,
2 EL Reiswein,
1 gepreßte Knoblauchzehe,
2 EL Maisstärke
Für die Sauce:
2 TL Worcestersauce,
2 EL Ketchup,
1/2 TL Zucker

Schweinerippchen in mundgerechte Stücke schneiden. Marinadenzutaten mit dem Fleisch gut mischen und ca. 30 Minuten stehenlassen.
Öl erhitzen, das Fleisch bei Mittelhitze ca. 4 Minuten fritieren, bis es goldbraun ist, herausnehmen, abtropfen lassen.
Das Öl nochmals stark erhitzen, das gebratene Fleisch zugeben, noch ca. 1 Minute fritieren. Saucenzutaten mit 3 EL Wasser verrühren, bei starker Hitze kochen lassen, dann die gebratenen Rippchen zugeben. Kurz unter ständigem Rühren braten, so daß sie ganz von der Sauce durchtränkt werden. Sofort heiß servieren.

EW	Fett	KH	kcal/J
36 g	45 g	16 g	607/2538

Schweineschulter und Chinesisches Schweinefleisch

1,5 kg Schweineschulter (ausgelöst) mit Schwarte,
1 TL Korianderkörner, Salz, weißer Pfeffer,
10 Gewürznelken,
25 g Schweineschmalz,
1 l milde Fleischbrühe,
1 Bd. Suppengrün,
1/8 l trockener Weißwein,
1/4 l süße Sahne,
1 – 2 EL Pflaumenmus,
1 Msp. Zimtpulver,
1 große Chilischote,
1 Knoblauchzehe,
4 EL Sojasauce,
1 TL Essig

Schweineschulter trockentupfen und die Schwarte mit einem scharfen Messer rautenförmig einschneiden. Koriander mit Salz im Mörser fein zerstoßen und das Fleisch rundherum damit und mit Pfeffer einreiben. Schwarte mit Nelken bestecken.
Schmalz im Bräter erhitzen und Fleisch mit Schwarte nach unten darin kräftig anbraten; wenden und weitere 5 Minuten braten. Erst jetzt seitlich Brühe angießen. Fleisch halb bedeckt bei milder Hitze in etwa 2 Stunden mehr ziehen als kochen lassen. Suppengrün putzen, grob zerteilen, nach 1 Stunde hinzufügen. Zum Schluß das Fleisch halbieren, eine Hälfte für das zweite Gericht mit durchgesiebter Brühe bedecken und nach dem Erkalten in den Kühlschrank stellen. Übriges Fleisch in Scheiben schneiden und warm halten.
Wein mit Sahne unter Rühren erhitzen und cremig

einkochen. Mit Pflaumenmus würzen, mit Salz, Pfeffer und Zimt abschmecken und ein wenig davon über das Fleisch gießen. Restliche Sauce getrennt servieren. Dazu passen Rosenkohl und Kartoffelkroketten besonders gut.
Der Rest wird als **Chinesisches Schweinefleisch** serviert. Dazu das Fleisch gründlich abtropfen lassen (Brühe anderweitig verwenden), mit einem scharfen Messer hauchdünn aufschneiden und auf einer Platte blütenartig anrichten.
Für die zweite Sauce Chilischote entkernen und samt geschälter Knoblauchzehe fein würfeln. Beides mit Sojasauce und Essig verrühren und ebenfalls anrichten. Dazu gibt es mit Erbsen, Paprikawürfeln und kleinen Champignons vermischten Reis oder auch Bohnensprossensalat und Fladenbrot.

EW	Fett	KH	kcal/J
66 g	111 g	10 g	1325/5543

TIP Anstatt Pflaumenmus können auch eingeweichte Backpflaumen zu der Sauce gegeben werden.

Rinderlende mit Paprikaschoten

500 g Rinderlende (Roastbeef),
2 EL Maisstärke,
2 EL dunkle Sojasauce,
1/8 l Erdnußöl,
3 rote Paprikaschoten,
1 Prise Zucker,
1 EL Reiswein,
1 Prise Glutamat,
Salz

Fleisch 30 Minuten anfrieren lassen, dann von der Sehnenschicht befreien, in hauchfeine Scheiben schneiden und diese halbieren. Stärke mit Sojasauce und 2 EL Öl verrühren und das Fleisch darin zugedeckt 30 Minuten ziehen lassen. Paprikaschoten halbieren, von Kernen und Rippen befreien, waschen und in Stücke schneiden. Übriges Öl im Wok erhitzen und das Fleisch 1 Minute bei starker Hitze unter Wenden anbraten, dann in ein Sieb gießen; Öl auffangen. Den Wok trockenreiben, 2 EL vom abgetropften Öl erhitzen und die Paprikastücke braten, bis sie beginnen, weich zu werden. Gemüse mit Zucker, Reiswein, Glutamat und Salz abschmecken. 2 EL Wasser und das Fleisch zufügen und alles kurz aufkochen.

EW	Fett	KH	kcal/J
27 g	44 g	12 g	556/2327

Steak chinesische Art

Rindfleisch in kleine Scheiben schneiden. Marinadenzutaten mit 1 EL Wasser verrühren. Fleisch ca. 30 Minuten darin ziehen lassen. Saucenzutaten gut verrühren. Bohnen waschen, mit 1 EL Öl im Wok braten, Salz und Pfeffer, 1 Tasse Wasser zugeben, warm stellen. Fleisch bei starker Hitze mit 2 EL Öl im Wok braten, die Sauce im Wok anrühren, rasch aufkochen. Fleisch in die Sauce geben, kurz dünsten, sofort auf den Bohnen anrichten.

EW	Fett	KH	kcal/J
33 g	23 g	15 g	398/1664

600 g Rinderfilet,
500 g grüne Bohnen,
Öl zum Braten, Salz, Pfeffer
Für die Marinade:
2 EL helle Sojasauce,
2 TL Maisstärke, 1 EL Öl,
Pfeffer
Für die Sauce:
2 EL Tomatenketchup,
2 EL Reiswein,
3 EL Sojasauce,
1 TL Zucker, 1/8 l Brühe,
1 TL Maisstärke, Glutamat,
1 EL Worcestersauce

Geschnetzeltes Rindfleisch mit Paprika

Fleisch in feine Streifen, Lauch in Ringe schneiden. Paprikaschoten und Bambussprossen in feine Streifen schneiden. Saucenzutaten gut vermischen, beiseite stellen. Fleisch ca. 15 Minuten mit Marinadenzutaten ziehen lassen.
3 EL Öl erhitzen, Fleisch darin unter Rühren braten; sobald es hell wird, herausnehmen. Im gleichen Öl den Knoblauch rasch anbraten, das Gemüse zugeben. Bei starker Hitze rasch unter Rühren braten. Wenn das Gemüse halb gar ist, Rindfleisch zugeben, kurz durchbraten.
Saucenzutaten zugießen, rasch unterrühren, damit Fleisch und Gemüse das Aroma gleichmäßig aufnehmen. Ist die Sauce zu dünnflüssig, kann man sie mit Maisstärke andicken.

EW	Fett	KH	kcal/J
16 g	17 g	12 g	270/1129

250 g mageres Rindfleisch,
1 Stange Lauch oder
1 Frühlingszwiebel,
2 grüne Paprikaschoten,
1 Tasse Bambussprossen,
Öl zum Braten,
1 gepreßte Knoblauchzehe
Für die Marinade:
1 EL Reiswein, 1 EL Öl,
2 EL helle Sojasauce,
1 EL Maisstärke,
1 EL Wasser
Für die Sauce:
1 TL Zucker,
2 EL dunkle Sojasauce,
1 EL Reiswein, Salz, Pfeffer,
Glutamat,
1 TL Maisstärke,
1/2 Tasse Brühe

Gebratenes Rindfleisch mit Mais

*450 g mageres Rindfleisch,
5 eingeweichte Morcheln,
100 g Bambussprossen,
2 eingelegte Peperoni,
1 Dose Maiskörner,
Öl zum Braten,
1 gepreßte Knoblauchzehe
Für die Marinade: 2 EL helle Sojasauce, 1 EL Maisstärke, 1 EL Öl, 1 EL Reiswein
Für die Sauce: 1 EL dunkle Sojasauce, 1 EL helle Sojasauce, Glutamat,
1/2 TL Zucker,
1 EL Reiswein, 1 Tasse Brühe, 2 TL Maisstärke*

Fleisch in dünne Scheiben schneiden, Sojasauce, Stärke, Öl und Reiswein mit 2 EL Wasser vermischen, das Fleisch ca. 30 Minuten in der Marinade ziehen lassen.
Morcheln halbieren, Bambussprossen in dünne Scheiben, Peperoni in 2 cm lange Stücke schneiden. Maiskörner abtropfen lassen. 3 EL Öl im Wok erhitzen, Knoblauch darin braten, bis er duftet, Fleisch zugeben, ständig unter Rühren braten, bis es durchgegart ist, das Gemüse zugeben, weiter unter Rühren anbraten. Zum Schluß die Saucenzutaten zugießen und rasch untermischen, heiß servieren.

EW	Fett	KH	kcal/J
26 g	18 g	16 g	336/1406

Gebratenes Rindfleisch mit scharfer Sauce

*500 g mageres Rindfleisch,
1 Frühlingszwiebel, 1 Tasse Bambussprossen,
2 eingeweichte Tongkupilze,
4 eingeweichte Morcheln,
1 Tasse Champignons,
Öl, 2 Knoblauchzehen,
2 Scheiben Ingwer,
Salz, Pfeffer, Glutamat
Für die Marinade:
3 EL helle Sojasauce, 1 EL Maisstärke, 1/2 TL Fleischzartmacher, 1 TL Zucker,
1 EL Öl, 1 EL Wasser
Für die Sauce: 2 EL helle -,
1 EL dunkle Sojasauce,
1 EL Reiswein, 1/2 TL Zucker, 1 EL Tabasco oder Chilisauce, 1/2 EL Maisstärke, Pfeffer, 1/2 Tasse Wasser*

Fleisch in dünne Streifen schneiden, mit Marinadenzutaten gut vermischen, ca. 30 Minuten stehenlassen.
Frühlingszwiebel in Ringe, Bambussprossen, Tongkupilze und Morcheln in Streifen, Champignons in Scheiben schneiden.
Saucenzutaten gut verrühren, beiseite stellen.
Reichlich Öl im Wok erhitzen, bei starker Hitze gehackten Knoblauch und Ingwer rasch anbraten, bis sie goldbraun gefärbt sind.
Bambussprossen und Pilze zugeben, rasch unter Rühren braten.
Fleischstreifen, Gewürze und Saucenzutaten zugeben und unter Rühren durchbraten.
Vor dem Servieren Lauchringe darüberstreuen.

EW	Fett	KH	kcal/J
29 g	23 g	14 g	384/1608

Rindfleisch mit Gemüse

Fleisch in dünne Streifen schneiden. Mit Sojasauce, Reiswein, Zucker, Ingwer und 1 EL Sesamöl vermischt 2 Stunden ruhen lassen. Gemüse und Chilischoten in feine Streifen schneiden, Knoblauch schälen, in Stifte schneiden. Chilis und Knoblauch in 2 EL Erdnußöl anbraten. Übriges Gemüse zufügen, 2 Minuten braten, herausnehmen. Erdnußöl erhitzen, Fleisch aus der Marinade nehmen, braten. Mit Gemüse mischen.

EW	Fett	KH	kcal/J
27 g	33 g	10 g	445/1861

500 g Rindfleisch (Hüfte),
8 EL helle Sojasauce,
1 EL Reiswein, 1 TL Zucker,
1 Stück Ingwerwurzel,
2 EL Sesamöl,
200 g Staudensellerie,
1 große Möhre,
1 Gemüsezwiebel,
1 grüne Paprikaschote,
2 rote Chilischoten,
2 Knoblauchzehen,
5 EL Erdnußöl

Gebratenes Rindfleisch mit Austernsauce

500 g mageres Rindfleisch (Lende), 1 Frühlingszwiebel, 300 g Brokkoli, Öl zum Braten, 1/2 TL Salz, 1/2 TL Zucker, 1 EL Reiswein, 1 EL helle Sojasauce, 1 gepreßte Knoblauchzehe, 4 Scheiben Ingwer
Für die Marinade:
1 TL Zucker, 1 EL Maisstärke, 2 EL helle Sojasauce, 1 EL Reiswein, 1 EL Öl, 1 EL Wasser
Für die Sauce:
2 EL Austernsauce, 125 ml Brühe, 2 EL Sojasauce, 2 EL Reiswein, 1 TL Maisstärke

Rindfleisch in mundgerechte Stücke schneiden, mit Marinadenzutaten gut mischen, ca. 30 Minuten stehenlassen. Frühlingszwiebel in 1 cm lange Stücke, Brokkoli in Stückchen schneiden. 1 EL Öl im Wok erhitzen, Brokkoli zugeben, mit 1/2 TL Salz, 1/2 TL Zucker, 1 EL Reiswein, 1 EL heller Sojasauce, 1/2 Tasse Wasser vermengen, ca. 2 Minuten dünsten, auf eine warme Platte legen. Saucenzutaten in einer Schüssel verrühren, beiseite stellen. Öl mäßig erhitzen, Rindfleisch kräftig anbraten. Abtropfen lassen, beiseite stellen. 1 EL Öl im Wok erhitzen, Knoblauch und Ingwer darin braten, bis sie zu duften beginnen. Rindfleisch zugeben, Saucenmischung zugießen, alles gut durchrühren und 3 Minuten dünsten. Sofort das Fleisch auf den Brokkoli anrichten.

EW	Fett	KH	kcal/J
30 g	23 g	14 g	393/1644

Gebratenes Rindfleisch mit Erdnußsauce

450 g Rindfleisch (Lende), 1 Zwiebel, 1 EL gehackter Schnittlauch, Öl zum Braten
Für die Marinade:
2 EL helle Sojasauce, 1 EL Reiswein oder Sherry, Pfeffer, 2 TL Maisstärke, Glutamat, Fleischzartmacher
Für die Sauce:
2 EL dunkle Sojasauce, 1/2 Tasse Wasser, 1 - 2 EL Erdnußsauce, 1/2 TL Essig, 1/2 TL Zucker

Rindfleisch in dünne, ca. 5 x 5 cm breite Scheiben schneiden. Mit Marinadenzutaten vermengen, ca. 30 Minuten ruhen lassen. Zwiebel vierteln, auseinandernehmen. Saucenzutaten verrühren, beiseite stellen. Vor dem Braten 2 EL Öl mit dem Fleisch vermischen. Reichlich Öl erhitzen, Fleisch darin braten. Wenn es hell wird, herausnehmen, abtropfen lassen. 2 EL Öl erhitzen, Zwiebel anbraten, Rindfleisch zufügen, weiterbraten. Saucenmischung zugießen, kurz aufkochen, Schnittlauch darüberstreuen.

EW	Fett	KH	kcal/J
25 g	34 g	5 g	424/1775

Gebratenes Rindfleisch mit Bambussprossen und Zuckererbsen

Fleisch in dünne Scheiben schneiden, mit Marinadenzutaten ca. 30 Minuten ziehen lassen. Erbsenschoten putzen und Fäden abziehen, waschen und abtropfen lassen. Bambussprossen in dünne Scheiben, Frühlingszwiebeln in ca. 3 cm lange Stücke schneiden.
Saucenzutaten gut vermischen, beiseite stellen.
Fritieröl erhitzen, Fleisch darin fritieren, bis es hell wird, herausnehmen, abtropfen lassen.
2 EL frisches Öl erhitzen, Knoblauch darin braten, bis er duftet, dann das Gemüse zugeben, kurz unter Rühren braten, Fleisch und Saucenzutaten zugeben, bei starker Hitze rasch durchbraten, sofort servieren.

EW	Fett	KH	kcal/J
25 g	23 g	18 g	376/1573

400 g mageres Rindfleisch,
200 g Zuckererbsen,
100 g Bambussprossen,
2 Frühlingszwiebeln,
Öl zum Braten,
1 gepreßte Knoblauchzehe,
100 g Champignons
Für die Marinade:
1 EL helle Sojasauce,
1 EL Öl, 1 EL Reiswein,
1 EL Maisstärke, 2 EL Wasser
Für die Sauce:
1 EL Austernsauce,
1 TL Maisstärke,
1 EL dunkle Sojasauce,
1 EL Reiswein, Glutamat,
Pfeffer, 1/2 TL Zucker,
1 Tasse Brühe, Sesamöl

Geschnetzeltes Rindfleisch Szechwan-Art

Rindfleisch in dünne Streifen schneiden, ca. 30 Minuten in der Marinade ziehen lassen. Reichlich Öl im Wok erhitzen, bei starker Hitze das Fleisch fritieren, herausnehmen und abtropfen lassen. 2 EL Öl erhitzen, Knoblauch und Ingwer darin braten, bis sie duften, dann Gemüse, in Streifen geschnitten, zugeben, bei starker Hitze rasch unter Rühren braten.
Wenn das Gemüse halb gar ist, Rindfleisch und die restlichen Zutaten zugeben, kurz durchbraten, eventuell nachwürzen.

EW	Fett	KH	kcal/J
29 g	23 g	9 g	367/1537

500 g mageres Rindfleisch,
Öl zum Braten, 1 gepreßte Knoblauchzehe, 2 Scheiben Ingwerwurzel, 100 g Bambus,
100 g Stangensellerie,
100 g Möhren,
2 Chilischoten,
Salz, Glutamat, Pfeffer,
2 EL Sojasauce,
1 EL Reiswein
Für die Marinade: 2 EL helle Sojasauce, 1 EL Reiswein,
1 EL Öl, 1 TL Zucker,
1/2 TL Fleischzartmacher

Putenstreifen mit Mandarinen

1 Dose Mandarin-Orangen (Einwaage 210 g),
300 g Putenschnitzel,
4 Scheiben Ingwerwurzel,
60 g Bambussprossen,
1 EL Reiswein,
2 EL Maisstärke,
100 g frische Silberzwiebeln,
3 EL helle Sojasauce,
1 TL Zucker, Salz,
2 EL Erdnußöl,
ein paar Tropfen Sesamöl

Mandarinen abtropfen lassen, den Saft auffangen. Putenschnitzel und Ingwer in feine Streifen, Bambussprossen in dünne Scheiben schneiden. Fleischstreifen mit Reiswein beträufeln, in Maisstärke wälzen und überschüssige Stärke abschütteln. Zwiebeln häuten. Sojasauce mit 2 EL Mandarinensaft, Zucker und 1 Prise Salz verrühren.
Erdnußöl im Wok erhitzen. Bambussprossen, Zwiebeln und Ingwer darin 1 Minute bei starker Hitze anbraten. Fleischstreifen zufügen und kurz unter Wenden anbraten. Sauce darübergießen und alles noch einmal aufkochen. Mandarinen unterheben.
Die Mischung vom Herd nehmen und mit etwas Sesamöl beträufeln.

EW	Fett	KH	kcal/J
17 g	3 g	26 g	260/1087

Huhn mit Champignons

Hühnerfleisch in hauchdünne Scheiben schneiden. 1 TL Maisstärke mit Reiswein, je 1 Prise Salz und frisch gemahlenem Pfeffer verrühren, unter das Fleisch mengen. Pilze mit Haushaltspapier abreiben, größere Pilze halbieren oder vierteln. Chinakohl in breite Streifen, Bambussprossen in Stifte schneiden. Pilze 5 Minuten in Hühnerbrühe kochen, abgießen, Brühe auffangen. Öl erhitzen, Fleisch darin 1 Minute braten, in einem Sieb abtropfen lassen. Öl bis auf 2 EL aus der Pfanne nehmen. Bambussprossen, Pilze und Kohl darin 1 Minute braten. Pilzbrühe mit 1/2 TL Zucker und 1 Prise Glutamat hinzufügen, aufkochen. Maisstärke anrühren, Brühe binden, Fleisch unterheben.

300 g Hühnerbrustfilets,
4 TL Maisstärke,
1 EL Reiswein,
Salz,
weißer Pfeffer,
500 g Champignons oder Egerlinge,
2 große Blätter Chinakohl,
60 g Bambussprossen,
200 ml Hühnerbrühe,
1/8 l Öl,
Zucker,
Glutamat

EW	Fett	KH	kcal/J
21 g	33 g	7 g	409/1712

Gebratenes Huhn in pikanter Sauce

1 junges Brathähnchen (ca. 1 kg), in kleine Stücke zerhackt,
3 Zwiebeln, Öl zum Fritieren,
2 EL Butter oder Margarine
Für die Marinade: 2 TL Salz, Pfeffer, 2 EL Essig
Für die Sauce: 2 EL Tomatenketchup, 1 EL helle Sojasauce, 1 TL Zucker,
1 EL dunkle Sojasauce,
1 EL Worcestersauce,
2 TL Tabasco oder Chilisauce, 2 EL Reiswein

Brathähnchen mit Marinadenzutaten gut vermischen, ca. 30 Minuten ziehen lassen. Zwiebeln in Ringe schneiden. Reichlich Öl im Wok erhitzen, Fleischstücke portionsweise fritieren, bis sie gar, goldbraun und knusprig sind, abtropfen lassen.
Butter oder Margarine schmelzen lassen, die Zwiebeln zugeben, darin braten, bis sie glasig sind, Brathähnchen hinzufügen. Saucenzutaten mit 2 Tassen Wasser verrühren und zum Huhn geben. Bei schwacher Hitze alle Zutaten ca. 30 Minuten schmoren lassen, eventuell nachwürzen.

EW	Fett	KH	kcal/J
53 g	41 g	8 g	617/2580

Hühnerfleisch mit Austernsauce

1 Brathähnchen (ca. 1 kg),
Salz,
Pfeffer,
2 EL Essig,
2 Knoblauchzehen,
1 Zwiebel,
1 grüne Paprikaschote,
1 Rettich,
Öl zum Braten,
3 EL Sojasauce,
2 EL Austernsauce,
1 EL Reiswein,
Glutamat,
1/4 l Brühe,
1 EL gehackter Schnittlauch

Brathähnchen waschen, in kleine Stücke zerteilen, mit 1 TL Salz, Pfeffer, Essig einreiben, ca. 20 Minuten stehenlassen.
Knoblauch und Zwiebel fein hacken. Paprikaschote entkernen, in Würfel schneiden. Rettich schälen, in 1/2 cm dicke, runde Scheiben schneiden.
Brathähnchenstücke mit wenig Öl braten, bis sie bräunlich sind, herausnehmen, abtropfen lassen.
2 EL Öl im Wok erhitzen, Knoblauch und Zwiebel darin braten, bis sie duften, Hähnchenstücke und Rettich zugeben, unter Rühren braten, dann Paprikaschote, Sojasauce, Austernsauce, Reiswein, Pfeffer und Glutamat zugeben, kurz umrühren. Die Brühe zugießen, gut untermischen, zum Kochen bringen, die Hitze reduzieren und zugedeckt ca. 15 Minuten köcheln lassen. Vor dem Servieren mit Salz, Sojasauce und Pfeffer abschmecken. Fein gehackten Schnittlauch darüberstreuen.

EW	Fett	KH	kcal/J
54 g	35 g	4 g	548/2291

Hühnerfleisch fernöstlich

Fleisch trockentupfen und 2 cm groß würfeln. 1 1/2 EL Maisstärke mit Mehl, Eigelb, je 1 EL Sojasauce, Reiswein oder Sherry und etwas Hühnerbrühe verrühren und quellen lassen.
Paprika putzen, waschen und in Stücke schneiden, Möhren schälen und in streichholzgroße Stifte teilen. Lauch und Chinakohl in dünne Streifen schneiden. Gurke schälen, entkernen und in dünne Streifen schneiden. Ananas putzen und in Stückchen teilen. Knoblauch fein hacken.
Öl zum Fritieren in einem schmalen Topf erhitzen. Eiweiß schnittfest schlagen und unter den Teig heben. Fleischstücke darin wenden, etwas abtropfen lassen und in kleinen Portionen im heißen Fett goldbraun ausbacken. Auf Haushaltspapier abfetten und im auf

600 g Hühnerbrust ohne Haut und Knochen,
2 EL Maisstärke,
1 EL Mehl,
1 Eigelb,
3 EL Sojasauce,
3 EL Reiswein oder trockener Sherry (Fino),
1/8 l Hühnerbrühe (kalt),
1 rote Paprikaschote,
2 Möhren,
1 Stange Lauch,
200 g Chinakohl,
1 kleine Salatgurke,
300 g frische Ananas,

2 Knoblauchzehen,
Öl zum Fritieren,
1 Eiweiß,
2 EL Sesamöl,
2 EL Zucker,
4 EL Weinessig,
Saft von 1 Orange,
Saft von 1/2 Zitrone,
1 EL Tomatenmark,
Salz, schwarzer Pfeffer,
Ingwerpulver,
Sambal Oelek

120 Grad heißen Ofen warm stellen.
Sesamöl in einer breiten Pfanne erhitzen, nacheinander Paprika, Möhren, Lauch und Chinakohl darin anbraten. Gurke, Ananas und Knoblauch hinzufügen, kurz anbraten, dann den Zucker darin karamelisieren lassen.
Essig mit Orangen- und Zitronensaft hinzugießen, aufkochen und mit Tomatenmark und Gewürzen pikant abschmecken.
Restliche Speisestärke mit übriger Hühnerbrühe verquirlen, Sauce damit binden; mit restlicher Sojasauce und Reiswein oder Sherry abschmecken.
Fleisch untermengen und sofort servieren.
Dazu schmeckt Reis.

EW	Fett	KH	kcal/J
40 g	33 g	37 g	615/2573

Hühnerleber in scharfer Sauce

500 g Hühnerleber,
4 Scheiben Ingwerwurzel,
1/2 Stange Lauch,
3 Zwiebeln,
3 rote Chilischoten,
Öl zum Braten, 1 gepreßte Knoblauchzehe
Für die Marinade:
1 Sternanis,
2 EL helle Sojasauce,
2 EL Essig, Pfeffer,
1/2 TL Zucker
Für die Sauce:
2 EL helle Sojasauce,
1 EL dunkle Sojasauce,
1 EL Reiswein,
1/2 TL Zucker, Pfeffer,
2 EL Tomatenketchup,
1 Tasse Brühe

Hühnerlebern unter fließendem kalten Wasser waschen, abtropfen lassen. Ingwer und Lauch flach klopfen. Hühnerlebern mit Marinadenzutaten, Ingwer, Lauch gut mischen, ca. 30 Minuten ziehen lassen und dann ca. 20 Minuten dämpfen.
Die durchgegarten Lebern herausnehmen, abtropfen lassen. Zwiebeln schälen, dann in Ringe schneiden. Chilischoten schräg in dünne Streifen schneiden. Saucenzutaten in einer Schüssel verrühren. 2 EL Öl im Wok erhitzen. Zwiebeln und Knoblauch unter Rühren braten, bis sie duften, Chilischoten kurz anbraten, dann die Hühnerlebern zugeben.
Sauce zugießen, bei schwacher Hitze ca. 10 Minuten weiterbraten.

EW	Fett	KH	kcal/J
30 g	14 g	12 g	298/1247

Chinesische Geflügelpfanne (für 3 Personen)

Speck in kleine Würfel schneiden, im Öl anbraten. Hähnchenbrustfilet waschen, trockentupfen, in Streifen schneiden, dazugeben und mitbraten. Möhren und Chinakohl putzen, waschen, in Streifen schneiden. Apfel schälen, in Spalten schneiden, dazugeben, mitbraten. 350 ml Wasser dazugießen. Fertigmischung einrühren und 10 Minuten kochen. Cashewkerne grob hacken, unterrühren.

EW	Fett	KH	kcal/J
30 g	21 g	23 g	405/1705

50 g geräucherter durchwachsener Speck,
1 EL Öl,
300 g Hähnchenbrustfilet,
250 g Möhren,
250 g Chinakohl,
1 Apfel,
1 Beutel Fertigmischung für China-Pfanne,
25 g Cashewkerne

Hühnerfleisch mit Rettich und Ingwer

1 Brathähnchen (ca. 1 kg),
Salz,
Pfeffer,
2 EL Essig,
Öl zum Braten,
1 Rettich,
1 Stück Ingwerwurzel (4 cm),
1 Zwiebel,
3 gepreßte Knoblauchzehen,
4 EL helle Sojasauce,
1 EL dunkle Sojasauce,
3 EL Reiswein,
1/2 l Brühe,
Maisstärke zum Andicken

Brathähnchen waschen, in kleine Stücke zerteilen, mit Salz, Pfeffer, 2 EL Essig einreiben. 20 Minuten ziehen lassen. Brathähnchen im heißen Ofen braten, bis es halb gar ist, herausnehmen, abtropfen lassen. Rettich schälen, waschen, in mundgerechte Stücke schneiden. Ingwerwurzel schälen, flach klopfen. Zwiebel fein hacken. 2 EL Öl im Wok erhitzen, Knoblauch und Zwiebel darin braten, bis sie duften, dann Ingwer, Rettich, Brathähnchen zugeben, kurz umrühren, mit Sojasauce, Reiswein, Salz, Pfeffer würzen, Brühe zugießen, alles untermischen, zum Kochen bringen, dann die Hitze reduzieren, zugedeckt bei schwacher Hitze ca. 30 Minuten köcheln lassen. Anschließend mit Maisstärke andicken.

EW	Fett	KH	kcal/J
54 g	31 g	14 g	592/2476

Knusprige Hühnerfleischstreifen

ca. 500 g Hühnerbrustfilet,
Salz,
Pfeffer,
1 EL Reiswein,
2 gepreßte Knoblauchzehen,
2 EL helle Sojasauce,
1 EL Worcestersauce,
Mehl zum Wenden,
Öl zum Fritieren,
Zitronenscheiben zum Garnieren

Hühnerfleisch in 2 cm breite Streifen schneiden, mit Salz, Pfeffer, Reiswein, Knoblauch, Sojasauce, Worcestersauce gut vermischen, 15 Minuten durchziehen lassen. Dann die Fleischstreifen einzeln in Mehl wenden. Reichlich Öl im Wok erhitzen, Hühnerfleischstreifen bei starker Hitze darin fritieren, bis sie knusprig und goldgelb sind (nicht zuviele auf einmal fritieren).
Auf einer warmen Platte anrichten, Gericht mit Zitronenscheiben garnieren.

EW	Fett	KH	kcal/J
29 g	21 g	3 g	318/1332

Pochiertes Ingwerhuhn (Abb. unten)

Huhn innen und außen waschen und abtrocknen. In einem großen Topf Wasser zum Kochen bringen. Huhn in ein Küchensieb aus Metall legen, in den Topf hängen oder in einem speziellen Siebeinsatz über dem sprudelnd kochenden Wasser etwa 30 Minuten dämpfen.
Danach etwas abkühlen lassen, halbieren, häuten und das Fleisch von den Knochen ablösen.
In mundgerechte Stücke schneiden und mit Sesamöl bepinseln.

1 küchenfertiges Brathuhn von etwa 1 kg,
2 TL Sesamöl,
1 Stück Ingwerwurzel (4 cm),
3 Frühlingszwiebeln,
4 EL helle Sojasauce,
4 TL Zucker, 2 EL Reiswein,
Salz, 1 Prise Glutamat,
4 EL Erdnußöl

Ingwer schälen und sehr fein hacken. Frühlingszwiebeln putzen, waschen und mit dem dunkelgrünen Lauch in kurze Ringe schneiden. Sojasauce mit Zucker, Reiswein, 1 Prise Salz und nach Belieben etwas Glutamat vermengen.
Öl im Wok sehr heiß werden lassen. Ingwer und Zwiebeln darin bei starker Hitze 1 Minute pfannenrühren. Mit der Sauce aufgießen. Fleischstücke hinzufügen und etwa 2 Minuten unter häufigem Wenden schmoren lassen. Ingwerhuhn schmeckt lauwarm serviert besonders gut.

TIP Das Dämpfwasser können Sie später als leichte Suppengrundlage verwenden.

EW	Fett	KH	kcal/J
52 g	32 g	8 g	535/2238

Sesamhähnchen *(Abb. S. 73, oben)*

4 Hähnchenbrustfilets,
3 TL Maisstärke,
2 EL Reiswein,
2 EL Sesamsamen,
1 rote Paprikaschote,
8 Wasserkastanien (Dose),
4 EL Erdnußöl,
200 g Austernpilze,
Salz,
3 EL helle Sojasauce,
1 EL Hoisinsauce,
1 EL Honig,
1 EL Sesamöl

Hähnchenbrustfilets kalt abbrausen und trockentupfen. In 1 cm breite Streifen schneiden, mit 2 TL Stärke und Reiswein mischen und zugedeckt durchziehen lassen. Sesam in trockener Pfanne unter ständigem Wenden rösten, bis die Samen hellbraun sind und angenehm duften. Paprikaschote vierteln, putzen, in Streifen schneiden. Wasserkastanien abtropfen, in Scheiben teilen.
2 EL Erdnußöl im Wok oder in einer tiefen Pfanne stark erhitzen. Paprikastreifen, Pilze und Wasserkastanien mit 1 Prise Salz hineingeben, 3 Minuten braten, herausnehmen. Übriges Erdnußöl in den Wok gießen, Fleisch darin unter ständigem Wenden 2 Minuten braten. Soja- und Hoisinsauce mit Honig verrühren, über das Fleisch verteilen, das Gemüse daruntermengen.
Übrige Maisstärke kalt anrühren, Sauce in der Pfanne damit leicht binden. Alles nochmals kurz aufkochen lassen. Vor dem Servieren Sesamsamen und Sesamöl darübergeben.

EW	Fett	KH	kcal/J
30 g	27 g	24 g	466/1948

Knusprig gebratene Ente

Ente putzen, Bürzel und überschüssiges Fett entfernen, waschen und abtrocknen. Frühlingszwiebeln und Ingwer flach klopfen, in Marinadenzutaten gut verrühren. Ente innen und außen mit dieser Mischung gleichmäßig bestreichen, gut einreiben und 2 Stunden in der Marinade ziehen lassen. Ente auf einem feuerfesten Teller in den Dampftopf stellen, ca. 2 Stunden dämpfen, bis sie ganz zart ist. Ente herausnehmen, abtropfen lassen, trockentupfen, rasch mit der Sojasauce außen gleichmäßig bestreichen, dann abkühlen lassen. Reichlich Öl im Wok stark erhitzen, die Ente darin braten, bis die Haut gebräunt und sehr knusprig ist. Immer gut mit Öl begießen. In kleine, dicke Stücke schneiden, auf einer warmen Platte anrichten. Szechwan-Pfeffer-Salz-Mischung paßt sehr gut dazu.

EW	Fett	KH	kcal/J
91 g	106 g	4 g	1344/5625

1 ganze Ente (ca. 2 kg),
2 EL helle Sojasauce,
Öl
Für die Marinade:
2 Frühlingszwiebeln,
4 Scheiben Ingwer,
3 EL Reiswein,
3 TL Salz,
1/2 TL Pfeffer,
1 Sternanis,
2 TL Fünf-Gewürz-Pulver,
1 gepreßte Knoblauchzehe,
3 EL Essig

Geschmortes Huhn mit Pilzen

Brathähnchen in kleine Stücke zerlegen, mit Marinadenzutaten gut vermischen, ca. 30 Minuten ziehen lassen. Öl erhitzen, Fleischstücke fritieren, bis sie goldbraun und gar sind, abtropfen lassen. Zwiebel und Knoblauch fein hacken. Tongkupilze halbieren, Morcheln vierteln. 2 EL Öl in einem Topf erhitzen, Zwiebeln und Knoblauch darin braten, bis sie duften. Hähnchenstücke und Pilze zugeben, Saucenzutaten zugießen, kurz aufkochen lassen, weitere 45 Minuten bei schwacher Hitze köcheln lassen. Vor dem Servieren die in 2 cm lange Stücke geschnittene Frühlingszwiebel zugeben, kurz aufkochen lassen.

EW	Fett	KH	kcal/J
56 g	38 g	7 g	637/2666

1 junges Brathähnchen,
1 Zwiebel, 1 Knoblauchzehe,
4 eingeweichte Tongkupilze,
4 eingeweichte Morcheln,
Öl zum Braten,
1 Dose Champignons (ganz),
1 Frühlingszwiebel
Für die Marinade:
1 EL helle Sojasauce, 1 TL Salz, 2 EL Essig, Pfeffer
Für die Sauce: 500 ml Brühe,
2 EL helle Sojasauce,
2 EL dunkle Sojasauce,
5 EL Reiswein,
2 EL Austernsauce,
Pfeffer, Glutamat

Fritierte Hähnchenschenkel Shanghai-Art

3 Hähnchenschenkel,
Maisstärke,
Öl zum Fritieren
Für die Marinade:
1 EL Reiswein,
2 TL Essig,
4 EL helle Sojasauce,
2 TL Fünf-Gewürz-Pulver,
2 gepreßte Knoblauchzehen,
Glutamat,
Pfeffer,
1 EL Worcestersauce,
1/2 TL Salz

Hähnchenschenkel waschen, putzen und trockentupfen, dann Hauptgelenk der Schenkel durchtrennen. Das Fleisch einschneiden, mit Marinadenzutaten gut vermischen, ca. 30 Minuten ziehen lassen.
Fleischstücke einzeln in Maisstärke wälzen. Reichlich Öl im Wok erhitzen; wenn das Öl heiß genug ist, die Hühnerteile einzeln ins Öl gleiten lassen. Hitze herunterschalten (Elektroherd auf Stufe 2). Wenn das Fleisch fast gar ist, die Hitze hochschalten und noch so lange braten, bis es goldbraun und knusprig ist.

EW	Fett	KH	kcal/J
24 g	24 g	9 g	348/1456

Gebratenes Hühnerfleisch mit Paprika

450 g Hühnerfleisch (Brustfilet),
1 grüne Paprikaschote,
Öl zum Braten,
2 gepreßte Knoblauchzehen,
3 Scheiben Ingwer,
3 rote Chilischoten,
1 Frühlingszwiebel
Für die Marinade: 1 Eiweiß,
2 EL helle Sojasauce,
1 EL Reiswein, 1 EL Stärke
Für die Sauce: 1 EL helle Sojasauce, 1 EL Reiswein,
Salz, Glutamat, Pfeffer,
1 Tasse Brühe, 1/2 TL Essig,
1 TL Maisstärke,
1/2 TL Zucker

Hühnerbrust schräg in dünne Scheiben schneiden. Fleisch mit Marinadenzutaten gut vermischen, ca. 30 Minuten ziehen lassen. Paprikaschote halbieren, entkernen, in Würfel schneiden. Saucenzutaten gut verrühren, beiseite stellen. Reichlich Öl im Wok erhitzen, das Fleisch darin fritieren, dabei ständig umrühren, damit es nicht anhängt. Vorsichtig herausheben und abtropfen lassen. 2 EL Öl im Wok erhitzen, Knoblauch und Ingwer darin braten, bis sie duften, Paprika, Chilischoten und Frühlingszwiebel zugeben, durchbraten, bis der Paprika weich ist. Hühnerfleisch hinzufügen. Die Sauce darübergießen, bei starker Hitze unter Rühren aufkochen.

EW	Fett	KH	kcal/J
28 g	29 g	8 g	407/1704

Huhn mit Zitronengras

Brathuhn 45 Minuten dämpfen. Pilze in heißem Wasser 30 Minuten einweichen, Stiele entfernen, Hüte wie das etwas zerdrückte Zitronengras in Streifen schneiden. 1 Zitrone dünn abschälen und die Schale in Julienne (hauchfeine Streifchen) schneiden. Schale von 2 Zitronen abreiben, Saft aller Zitronen auspressen. Chilischoten putzen, wie den Ingwer fein würfeln. Hühnerbrustfilets auslösen und in Stücke teilen, Flügel und Keulen grob zerhacken. 1/8 l Brühe abmessen. Öl im Wok heiß werden lassen. Pilze, Zitronengras und Ingwer anbraten. Nach 1 Minute Schalenstreifen und

1 küchenfertiges Brathuhn,
6 schwarze chinesische Pilze,
1 Stange Zitronengras,
3 unbehandelte Zitronen,
2 grüne Chilischoten,
1 Stück Ingwerwurzel (4 cm),
3 EL Erdnußöl,
1 EL Zucker,
Salz,
2 Zweige Zitronenmelisse

Zucker unterrühren, mit Brühe und Zitronensaft aufgießen. Fleisch, abgeriebene Zitronenschale und etwas Salz dazugeben. Melisse darüberstreuen.

EW	Fett	KH	kcal/J
52 g	25 g	9 g	473/1979

Fritierte Hähnchenschenkel nach Hausfrauenart

3 Hähnchenschenkel,
1 Eigelb, 2 EL Maisstärke,
Öl zum Fritieren,
1 EL gehackter Schnittlauch,
1 EL gehackte Frühlingszwiebel, 1 EL Zitronensaft,
1/4 TL Chilipulver
Für die Marinade:
1 EL Reiswein, 2 EL helle Sojasauce, 1 EL Essig,
Pfeffer, Glutamat, Salz,
1 gepreßte Knoblauchzehe

Hähnchenschenkel in mundgerechte Stücke hacken, in der Marinade ca. 30 Minuten ziehen lassen. Mit Eigelb und Maisstärke durchmischen. Öl im Wok erhitzen, Fleischstücke einzeln hineingeben, braten, bis sie goldbraun sind, abtropfen lassen. 1 EL Öl erhitzen, Schnittlauch und Frühlingszwiebel unter Rühren braten, Fleischstücke zugeben, mit Zitronensaft und Chilipulver würzen, rasch unter Rühren anbraten.

EW	Fett	KH	kcal/J
24 g	29 g	6 g	384/1606

Geschmortes Huhn in Reiswein

1 Brathähnchen (ca. 1 kg),
Salz, Pfeffer,
2 EL Essig,
3 Knoblauchzehen,
1 Zwiebel,
Öl zum Braten,
ca. 40 ml Reiswein,
3 EL helle Sojasauce,
1 EL dunkle Sojasauce,
Glutamat,
1/2 l Brühe oder Wasser,
Maisstärke zum Andicken

Brathähnchen waschen, in Stücke zerteilen, mit 1 TL Salz, Pfeffer, Essig vermischen, ca. 20 Minuten durchziehen lassen. Knoblauch und Zwiebel hacken. 3 EL Öl erhitzen, Knoblauch und Zwiebel darin braten, bis sie duften, Brathähnchen zugeben und so lange unter Rühren braten, bis das Fleisch gar ist. Reiswein, Sojasauce, Salz, Pfeffer, Glutamat zugeben, gut untermengen, Brühe zugießen und zum Kochen bringen. Bei schwacher Hitze zugedeckt ca. 30 Minuten schmoren lassen. Maisstärke anrühren, Sauce binden.

EW	Fett	KH	kcal/J
53 g	26 g	11 g	500/2091

REGISTER

REGISTER